W0384177

Brèves de comptoir
Tome 2
1993

J'AI LU

J. M. GOURIO

Merci Bernard	
Sita - Java	
Hitler = SS	
Autopsie d'un nain	
Tue-tête	
Palace	
Brèves de comptoir 1989	
Brèves de comptoir 1990	
Brèves de comptoir 1991	
Brèves de comptoir - 1 : 1992	*J'ai lu* 3978/**G**
Brèves de comptoir - 2 : 1993	*J'ai lu* 4015/**G**
Brèves de comptoir - 3 : 1994	*J'ai lu* 4052/**I**
Brèves de comptoir - 4 : 1995	*J'ai lu* 4291/**I**
Brèves de comptoir - 5 : 1996	*J'ai lu* 4441/**I**
Brèves de comptoir - 6 : 1997	*J'ai lu* 4933/**J**
La carte des vins	
Vous me croirez si vous voulez	
10 000 brèves de comptoir	
Les coccinelles de l'Etna	
Chiens de comptoir	*J'ai lu* 4699/**I**
Chut !	

J.M. Gourio

Brèves de comptoir

Tome 2

1993

Éditions J'ai lu

À tous les marins,
à tous les capitaines,
qui n'ont jamais été marins,
ni capitaines...

L'INFRAROUGE

C'est le noir total. La lumière n'existe plus ou même elle n'a jamais existé. La vision est infrarouge. Ce sont les chaleurs que l'œil perçoit, un contour rouge pour les corps vivants, plus clair pour les chaleurs des machines et des moteurs, des cafés dans les tasses, du bord du comptoir soumis aux frottements, un rose pâle enfin pour les matières comme le bois, le plâtre, les tissus et les papiers aux murs. Dans un coin, une plaque de couleur vive indique la présence d'un appareil de chauffage, et de cette masse colorée partent des tubes qui remontent le mur. La machine à café émet un grand rayonnement qui va du rouge au blanc. Des tubes roses partent de la pompe à bière et s'enfoncent vers le bas, jusqu'à la cave, l'œil peut les suivre comme des vaisseaux qui vont au tonneau de métal chaud. Un petit corps passe entre des pieds rouges, c'est le chat. Un point rouge, là-bas, luit dans une main. La chaleur dégagée monte en volutes qui vont en se refroidissant et finissent dans le noir. Un carré rouge luit dans un rectangle orange aux contours imprécis, c'est un croque-monsieur qui cuit. Les corps sont accoudés, les mains, les joues, le coude en contact avec le rose du zinc brillent plus que tout le reste. Une barre émet à la verticale de la rotule de l'un d'eux, c'est un pain chaud dans un panier. Entre la structure rosée de la pompe à bière et un coude radiant brillent six ovales identiques, ce sont les œufs. La vue infrarouge se promène dans le café ce jour d'anéantissement rétroactif des lumières. Et ce n'est pas tout. Ce jour est aussi celui de l'anéantissement rétroactif des sons. Les consommateurs parlent, le rouge des mâchoires inférieures bouge du haut vers le bas, mais aucun son ne peut être entendu par l'oreille ordinaire. Il faut, pour écouter, une oreille infrarouge, laquelle détecte l'émission de chaleur des mots prononcés et les fait apparaître dans l'air selon une échelle de couleurs identique à celle qui redessine dans le noir les formes les plus chaudes. Il se peut que le café chaud brille plus vivement que le cœur de celui qui le boit, mais cette brillance pénètre le consommateur et finit d'irradier au-dedans de lui. Il en est de même pour ces mots détectés à l'oreille infrarouge. Un café de rien peut briller plus qu'un cœur, entrer dans celui qui l'écoute et y luire pour longtemps. Le mot café plus fort que le mot cœur. A l'oreille infrarouge la valeur hypothétique des mots et de leur sens ne fait pas image, c'est leur chaleur et rien d'autre qui donne un tracé. C'est pour cela que des mots tels que "je l'aime bien, moi, mon petit immeuble" feront grâce à l'oreille infrarouge beaucoup plus de lumière qu'une belle théorie. Il ne faut pas attendre le beau. Il faut attendre le chaud. Et cette chaleur souvent qui se dégage fait dans l'air du beau bien chaud ou rigolo. La brève du comptoir résulte, il me semble, de cette oreille infrarouge à la recherche de la chaleur des mots, elle-même résultant de ce frottement des gens les uns contre les autres, de ce frottement des gens avec le monde, de ce frottement avec l'événement, depuis la grande actualité jusqu'à la simple péripétie, la première ne dégageant pas forcément plus de chaleur que la seconde et, au final, peut-être s'agit-il simplement d'une chaleur issue du frottement des gens contre le temps qui passe, qui râpe, qui use et qui polit. Toutes ces chaleurs quotidiennes font des courbes hebdomadaires, mensuelles et annuelles. Voici les *Brèves de Comptoir 1993*, un autre bout de la courbe. Le premier livre infrarouge. La connerie dégageant aussi beaucoup de chaleur, il y a dans le livre de la connerie. C'est d'ailleurs un peu pour ça que, dans les cafés, il fait si chaud. L'infrarouge n'est depuis longtemps plus un secret pour personne, disons que l'on s'en doute. Intuitivement. Et je comprends mieux maintenant le sens des mots que les serveurs crient dans la tourmente : chaud devant !

Gourio

QUAND VOUS ENTREZ

Il y a le causeur du bout du bar

Il y a celui qui gueule plus fort que tout le monde.

Il y a ceux
qui parlent juste
à côté de vous.

Il y a celui
qu'on arrête plus.

Il y a le brouhaha
continuel des buveurs.

La bêtise c'est comme
une sorte de fumier
pour les légumes, alors
que l'intelligence, ce
serait plutôt de
l'engrais pour les fleurs.

Le bonze, tu l'arroses d'essence, t'y mets le feu, y dit merci le bonze.

Il pleut depuis cinq minutes, elles marchent déjà plus à cause de l'humidité, les allumettes ! Les objets c'est comme les gens, ils exagèrent tout de suite.

J'aimais bien les skieurs à bonnet, maintenant les skieurs mettent un casque, font pas du ski les mecs, font de la moto !

J'ai jamais bouffé avec un coiffeur.
– Y mangent pas, ces mecs.

Au Millionnaire tu deviens millionnaire en un tour de roue.
– Ça vaut pas le Milliardaire.

J'ai perdu ma femme le jour où on a marché sur la lune, avec un peu de bol elle était dans la fusée...

J'ai rencontré ma femme au bal, elle avait mis du parfum, elle sentait bon comme... je sais pas moi... du cologne.

Les Américains adorent ça, mettre des nains dans des costumes au cinéma.

La rose est une fleur qui meurt lentement, pour se faire plaindre en quelque sorte.

En ski, ils font du cent ! Cinquante par ski !

Le gras protège du froid. A l'intérieur d'une plaque de beurre, y fait 18... 19...

On n'a pas le droit de montrer les étiquettes des bouteilles dans les films, c'est une forme de censure par un certain côté...

T'imagines la révolte des abeilles, t'ouvres la ruche pour prendre le miel... pleine de merde !

J'aime bien la campagne, dommage que tu trouves plus de noms sur les monuments aux morts que sur les boîtes aux lettres...

Un ennemi, je le regarde droit dans les yeux et s'il est tout petit, je lui casse la gueule.

J'vais m'faire une petite salade de tomates, tiens, ça c'est une idée !

Moi je m'appelle Albert et mon père s'appelle René, lui il s'appelle René et son père s'appelle Albert !
– C'est dingue...
– Tu te fous de nous ?
– Mais non...
– Et sa mère, tu sais comme elle s'appelle ?
– Pas le temps...

C'est la campagne qui donne l'oxygène des villes.
– Mais non, c'est bien trop loin.

C'est quoi, comme bois ?
– Du faux chêne.
– Et c'est en quoi, le faux chêne ?
– C'est une sorte de plastique.
– Quoi, comme plastique ?
– De la fausse bakélite.
– En quoi ?
– Une sorte de caoutchouc dur.
– C'est joli, en tous les cas.

Le petit poisson mange le plancton, le moyen poisson mange le petit poisson, le gros poisson mange le moyen poisson et moi je bouffe de la viande parce que la chaîne alimentaire, je m'en fous pas mal.

Vous avancez,
vous avancez,
l'horizon recule,
jusqu'à une bande
de maisons, là
il est coincé, il ne
peut plus reculer.

Normalement je devais pas venir, et finalement je suis venu.
– Ça tombe bien, moi, d'habitude, à cette heure-là je suis parti, et pour une fois je suis encore là.

Ça va les acrobates ?

Tes penseurs grecs, ils avaient que ça à foutre, aussi ?
– ...
– T'es marrant, toi...

Il est marrant, lui...

L'argent est en sécurité nulle part maintenant, quand tu vois le nombre d'attaques de banques par semaine, tu te dis que l'argent est en sécurité nulle part.

Dans la flûte, plus tu fais de trous et plus l'air est compliqué, plus c'est de la grande musique, plus t'as mal aux doigts aussi...

Il y a plein de petits soldats miniatures sur les étagères, ça agrandit la chambre...

Un animal qui a de l'intelligence à revendre, c'est le coyote, d'ailleurs on en a fait un dessin animé...

On te sert quoi ?
– Un Jolijolais !

Le samedi, en général, on va faire les courses à Créteil-Soleil...

Y s'y prennent comme des manches, les Américains, tu bouches le volcan par le haut et tu fais un trou sur le côté, la lave elle sort par le côté, tu la canalises dans un tuyau tu le ramènes dans le haut du volcan bouché, ça te fait un circuit fermé, tu piges ? Comme un circuit hydraulique normal...
Evidemment, c'est plus facile à dire qu'à faire, je sais...
Le vent tout seul ne fait pas de bruit, c'est quand il souffle dans les branches qu'on l'entend, autant dire que c'est la branche qui fait le vent, il lui doit tout...

Sa viande c'est que du nerf, d'ailleurs c'est bien simple, j'y vais plus.

C'est les animaux qui vivent sous les câbles à haute tension qui ont du nerf comme ça dans la viande...

Je lui paye des cours de poterie, j'y vais comme ça à l'improviste pour voir un peu, il faisait une merde en plâtre.

Si tu veux t'as qu'à venir boire l'apéro à la maison.
– Tu pourras me coucher ?

...J'en ai marre d'écouter vos conneries...

On n'a rien sans rien.

On a trop de nucléaire en France, et ça c'est à force d'en mettre !
– Mais bien sûr...

C'est des pays pleins de mouches, et pourquoi ils font pas la soupe avec ?!

Chais pas...

Le poisson est con à cause de l'eau qui lui entre dans la tête...

Un ballon de côtes pas trop frais !
Un rosé tiède !
Un blanc !

Je sais pas comment je suis rentré, moi...

Elles sont vraiment belles, les peintures là-dedans...
– Le Louvre j'aime pas, c'est trop grand.
– Ah je te jure, ça vaut le jus !
– Qu'est-ce que t'es allé faire là-bas, toi ?
– Regarder les peintures, elles sont toutes là-bas.

Y puait ! Mais y puait ! Je me demande même comment il arrivait à tenir à l'intérieur de son odeur...
– Quand ça vient de soi, on se passe tout...

Avec le réchauffement de la planète, la banquise va fondre et ça va faire monter le niveau des mers jusqu'au pied de... la chaise.

C'est un guide de haute montagne.
– Ça se voit pas. Et le bonnet il est où ?

L'alcool ça me fait rien, j'avale pas la fumée.

C'est du paralysant pour le cœur qu'ils mettent sur le bout de la flèche, si ils s'assoient dessus dans la pirogue, ils sont foutus.
– Les mecs font gaffe.
– Ces tribus-là ?! Faire Gaffe ? On voit bien que tu les connais pas.

Ils mangent du poisson tous les jours.
– Si y a que ça, y a que ça...

Tu pètes un carreau du Vatican, t'en as pour mille balles... au moins... les fenêtres du haut...

La place du coude, c'est sacré !

Il met son coude sur un chewing-gum, plus personne peut le décoller du comptoir.

Pardon... pardon... pardon... pardon... pardon... bon, vous le poussez votre coude, que je passe ma lavette !
– C'est pas sale en dessous de mon coude.
– Qu'est-ce que vous en savez ?!
– Y'a que moi qui ai mis mon coude ici.
– Pfu...

C'est de Gaulle qui a
commencé le Centre Pompidou,
et c'est Giscard qui l'a fini...

Si tu mesures la dérive des continents, tu verras que c'est le nôtre qui va le plus vite. Le dernier c'est l'Afrique.
– Pas tellement étonnant quand on regarde la forme.
– C'est pas ça, mais y va en travers.

Les rousse sentent fort à cause de la glande du roux qu'elles ont, on ne sait pas où...

La course des continents, c'est autre chose que le tour de France.

T'as un numéro, tu votes et y a un tirage au sort, tu gagnes cent briques, là je te jure : moi je vote !

Vous l'avez vu, le débat hier soir à la télé ? Tous les partis étaient là, le PS, le PC, l'EDF, le RPR...

Je vais mettre un flipper, ça va attirer les jeunes.
– Pfu...

Ah moi, la politique, je la suis tous les jours, tous les jours, et les jours où y en a pas, je suis bien triste, ah oui, bien bien...

On s'est battus pour avoir le droit de vote, alors moi je vote !
– Tu t'es battu, toi ?!
– Non, mais les ouvriers se sont battus pour ça.
– T'es ouvrier, toi ?
– Non, mais...
– Y a pas de mais ! Les ouvriers se battent pour voter et toi tu bosses dans les bureaux et tu vas voter ! Les employés de bureaux se sont pas battus pour le droit de vote, à ce qu'on sache !
– C'est pas sûr.
– Tu sais ce que t'es ? T'es un voleur de droit de vote !

Ils sont en train de virer toutes les putes du Bois de Boulogne, ça va devenir un bois normal, sans putes, avec que des arbres en bois.

...les putes, moi, je leur donnerais des médailles... si... je le ferais... je me dégonflerais pas...

Non mais une femme moi je ne dis pas qu'elle doit pas être ministre, je dis même le contraire, une femme, faut qu'elle soit ministre et même Premier ministre après tout pourquoi pas, mais faut qu'elle ait envie, t'imagines, tu la fous Premier ministre alors qu'elle veut pas, eh ben c'est presque aussi pire que si tu lui fais faire la vaisselle alors qu'elle a pas envie, c'est forcer qui est pas bien, le forcing, sinon, si elle veut être Premier ministre c'est bien, et si elle veut faire la vaisselle aussi, faut pas qu'elle se gêne...

Tu nous fais chier, Marcel...

Bon, je dis plus rien.

Pourquoi y donnent pas des cadeaux ? Tu votes, t'as un cadeau, ou au moins un repas comme quand tu donnes ton sang...

Tout ce que font les hommes politiques c'est des petites phrases, même pas foutus de faire des grandes phrases !

Un kir !
– Tu vois, toi aussi t'en fais, des petites phrases.

Est-ce que dans la nature y a du vote ? Non, y en a pas du vote, et chez les cormorans ça va...

A qui tu veux faire croire ça ?
– A personne, moi j'y crois, c'est le principal, on a sept vies et les femmes huit.
– Sept vies pour l'homme, admettons, mais huit pour la femme, à qui tu veux faire croire ça ?
– A personne, je te dis, c'est comme ça.
– Et pourquoi pas dix vies pour la femme, aussi ? Salopes !

On est tous égaux entre nous, tu parles que je m'en fous, c'est égaux avec le Pape que je veux moi, égaux avec Bébert, franchement... sans vouloir être méchant...

Autour de la trace de la soucoupe, faut chercher derrière les arbres forcément tu trouves une merde de martien, et du coup c'est la preuve.

Il va rentrer chez lui et foutre une rouste à sa femme parce qu'elle a huit vies, tu vas voir...

Le rap, c'est de la musique pour foutre sur les nouilles, ça !

Il est rusé comme une merde, celui-là...

Le corail recouvre les épaves coulées, à la campagne c'est les poules qui habitent dans les vieilles voitures...

C'est bien Venise, pour un voyage de noces, en même temps tu peux aller à la pêche.

Moi, je suis pour la pollution, et j'en suis fier !

Je vais voter écologiste parce que j'aime bien les légumes.

T'interdis la circulation des voitures dans les grandes villes, d'accord, mais tu vas en faire quoi, des rues ?
– Pour les piétons.
– Les piétons, t'en a deux dans Paris. Dis donc pas de bêtise.

Quand j'ai faim, je m'en fous du goût.
– Même si c'est bon ?
– Pareil. Je m'en fous !

Y a rien de plus con qu'un concours photos ! Ils comparent des photos qui sont même pas des mêmes photos ! Une porte, une bonne femme à poil, comment tu veux comparer ! Y sont cons ces intellos, je te jure, y sont cons...

Quand tu sais tous les trésors qui sont au fond de la mer, c'est pas des CRS qu'y faut mettre sur les plages, c'est des vigiles !

Les buses volent haut, haut,haut dans le ciel, plus haut que le plafond, là...
– Oui, je m'en doute.

Richard Cœur de Lion, c'est un chevalier qu'on dirait un nouveau camembert, tu trouves pas ?
– Si, un peu, un camembert aux noix.

Love, à l'envers, c'est velo... pas terrible...

C'est quoi les résultats des élections ?
– Trop long à dire.

70 % de volants !
– 70... 70... tu parles ! Ça coûte rien, de dire 70 %! Si ça se trouve personne y est allé, et les mecs disent 70 %! Remarque, si ça se trouve, moi j'aurais fait pareil... je leur jette pas la pierre...

Je prends l'escalier pour maigrir un peu, de toute façon j'ai pas l'ascenseur.

Pour grossir, faut prendre l'ascenseur.

Dans tous les votes, il y a une part de hasard.
– Du genre ?
– Du genre la voiture en panne et tu votes pas.
C'est vrai.

J'ai voté communiste, sauf si je me suis trompé avec les papiers, ça peut arriver.

Si sur la 5 y mettent la 7, ça va faire la une, la 2, la 3, la 4, la 7 et la 6, n'importe quoi ! 4, 7, 6 ! N'importe quoi, l'ordre !

On va se faire foutre de nous par les Américains.

Pour moi la télé c'est une présence, c'est un chat qui est propre, si vous voulez...

Y avait un reportage sur les termites, eh ben c'était pas bien...

Voilà pourquoi on paie la redevance pour regarder les termites !

Pas top, les news aujourd'hui...

L'horoscope décide de ce qui se passe sur terre, sauf si c'est la grève des journaux, t'as pas d'horoscope, tout ce qui se passe c'est du hasard...

La faute d'orthographe sur un mot, c'est comme quand nous on a un bras plus long que l'autre, ou un bouton sur le nez, on vit comme ça, faut pas jeter le mot pour autant, il a le droit de vivre même mal formé, le mot...

Les lettres de Mon moulin ? Tu lis le courrier des autres, toi ?

Il a écrit un seul roman dans sa vie et, en plus, il est pas bien.
– Y en a qui ont de ces idées...
– Il aurait mieux fait de se casser le stylo, ce jour-là !

Au prix que ça coûte, un enterrement nous qui avons à peine de quoi vivre, on ne peut pas mourir.

Oh ! Tu vas pas nous faire un caca nerveux avec ça, non ?!

Au lit, on est des rivières...

Je m'en fous de la politique, mais je m'en fous, les mecs font leur boulot, qu'est-ce que j'en ai à foutre, moi ? Je passe pas ma vie à parler des mecs qui bossent à la Poste ou des autres fonctionnaires ! Personne parle de moi à la télé ! Moi j'en ai, des petites phrases, aussi ! Pourquoi on dit pas mes petites phrases à la télé ?

Cresson virée...
– Encore ?
– Comment ça encore ?
– Je croyais qu'elle avait déjà été virée hier.
– Ah bon... possible...

Elle a dû se planquer comme un lombric...

C'est des gens en bois.

Pourquoi pas faire garder les gosses par des abeilles ? Elles en gardent quand elles sont dans les ruches.
– Par qui ?

Elle est virée et elle rentre dans son immeuble comme ça, comme si de rien...
– Moi si j'étais viré de mon boulot, même la concierge trouverait que j'ai mauvaise mine...

Si elle avait eu des beaux enfants, elle aurait pas eu envie d'être Premier ministre, cette femme, elle a eu des tarés alors ça se comprend...
– Moi mon fils il est con, et je suis pas ministre...

Elle serait enceinte de Mitterrand, c'est pour ça qu'il l'a gardée comme Premier ministre...
– Oui, eh ben c'est pas une raison.

Elles sont mises de force, les bulles dans le champagne, d'ailleurs dès que tu le débouches elles se tirent.

Plus ça va, plus l'électron est cher...

C'est l'électron qui fabrique l'électricité, il rentre dans le bouton, t'appuies, il se barre dans l'ampoule, chaque fois que t'allumes t'en uses un et si t'allumes trop souvent, t'as une note d'électricité comme ça !

Je vois plus de Français quand je suis au camping en Espagne que tout le reste de l'année dans ma cité !
– C'est vrai qu'en été, le Français envahit toute l'Espagne.
– ?! Je parle pas de ça !

Je suis pas raciste, c'est même le contraire, je suis super pour les races.

Les haricots verts en salade, c'est facile à faire et tout le monde aime ça...

Tu m'en feras pas respirer, de l'air du matin, avec tout ce qu'on pète dans la nuit !

Une suze... attention ! Une belle Suze...

Salut Apéricube.
– Salut René.

Dresseur de chiens d'aveugles, c'est bien, n'empêche le jour où y a plus d'aveugles, t'as le bec dans l'eau...

Midi pile !
– Comme dans l'ancien temps.

On sait jamais tout... moi par exemple j'apprends des choses tous les jours... aujourd'hui qu'est-ce que j'ai appris... attends... qu'est-ce que j'ai appris... je sais plus, toujours est-il qu'on apprend si on est attentif... si on est ça...

Il écrit des livres la nuit dans sa chambre, je sais pas si tu vois le mec que c'est... la tronche que c'est...

Il a dessiné la chapelle Sixtine, le tour Eiffel, la bouteille de Coca, c'est un grand publicitaire, il a quasiment tout dessiné... plus la plupart des balcons de Paris... un génie ! Complètement inconnu...

Il écrit des livres en nègres...

Ça sent les frites à la Végétaline.

C'est sale, dans ce café, sale, ça pue, mais ça pue, et comme ça pue, tout le monde pète ! C'est le rendez-vous du laisser-aller, dans ce café...

Les Américains croient qu'ils sont tous seuls sur terre ! Pour eux la France existe pas !
– L'Espagne non plus.
– Oui, mais l'Espagne on s'en fout.

Y met ses doigts dans la prise pour savoir si y a du jus, tu vois le mec !

Moi je touche pas au compteur, c'est mon mari qui y touche.

Je vais mettre des tabourets de bar.
– Oui, eh ben y boiront moins que nous !

Ce mec-là il a des dents, on dirait Frankenstein !

Moi je la foutrais dans la remise, qu'est-ce que tu veux...

C'est bien, les guerres civiles, pendant ce temps y font pas chier les voisins ! Si la dernière guerre avait été civile, les Boches seraient pas venus nous faire chier, nous !

Leur Exposition universelle, j'ai vu à la télé, t'as rien... un stand et deux merdes en bois...

C'est mieux à Séville qu'ici !

Séville, c'est la capitale des castagnettes, j'en ai à la maison où c'est marqué "Séville"...

Séville ? Séville ? Laquelle ? Parce que t'en as partout, des Séville.

Sade, c'est des enculades en veux-tu en voilà... c'est du vieux français mais c'est des enculades normales...

Une belle pute c'est cher, une moins belle pute c'est moins cher, et ben moi je trouve ça honnête, le prix des putes.

Y fait jamais les course, mais le prix des putes, ça y connaît !

C'est une pouffiasse qui fait chier les serpents dans la forêt, elle s'appelle la "femme serpent"...
– Non je l'ai pas vu le documentaire.
– T'as rien perdu... tu verrais la pouffiasse ! Elle a même pas peur, cette connasse-là !

Michael Jackson, bien sûr que je le connais, je suis à la page, moi.

Disneyland, c'est le dernier truc qui sera bombardé si y a une guerre... si ça pète, hop, on va là-bas avec les petites...

Je sais pas qui c'est qui les dessine, les nouveaux Walt Disney, mais alors qu'est-ce que c'est mal dessiné !

C'est des maçons de Macon.

Quand y a du travail sur Autun, y prennent des entreprises d'ailleurs.

Y avait un bel escalier en chêne, tout stylisé, le démolisseur de l'Ain il est passé avec la pelleteuse, tout cassé ! Dans le logement de Mme Bonneau.

Samedi je l'ai amené à la Halle aux chaussures.
– Moi je l'y mènerai mardi.
– C'est bien, c'est plein de chaussures.

L'abeille elle m'a piqué le visage là, ici, et c'est descendu dans le cou et les bras, tout, et les jambes et jusque dans les pieds, ça se répandait partout, le venin dans le sang... comme l'alcool.

... doit pas y avoir beaucoup de petits ruisseaux autour de New York...

Tout est bu tout de suite...

Rien t'oblige à m'accompagner.
– Je sais, mais je connais bien le patron.

Bérégovoy, je sais même pas qui c'est, et ils le foutent Premier ministre !

Tu parles d'une démocratie, on connaît même pas les mecs !

Et la mère Cresson ?
– Qu'est-ce que tu veux... elle a joué, elle a perdu.

Un petit nuage t'arrête le Soleil, c'est comme quand tu dis une connerie, ça t'assombrit toute l'intelligence.
– Ça se discute...

Pas avec moi en tous les cas, ces discussions à la con !

Moi je matérialise tout... je suis comme ça...
– Tu ?
– Je matérialise tout, tout le monde qui nous entoure.
– Jusqu'où ?

Moi des capotes je veux bien en mettre, mais encore faut-y que je me tape des gonzesses !

Il a mis des chats en céramique sur son toit, au début on dirait des vrais et après on voit que c'est de la céramique.
– Pourquoi il a mis ça ?
– Pour faire joli sur son toit.

Elles sont connes les cigales maintenant, tu leur fous du placage elles se posent dessus.

Elles habitent des tiroirs dans les cuisines...

Avec tout ce vent, moi je sors pas.
– T'es pas une feuille, Raymond !

Je sais pas ce qu'ils t'ont dit à la visite médicale, mais dis donc ça t'a fait de l'effet !
– Ils ont dit que je m'empoisonnais en venant ici tous les jours.
– De quoi elles se mêlent ces connasses d'infirmières, à refiler leur sang pourri du sida d'abord ? Moi j'en vends du sang pourri du sida, ici, j'en vends ? !
– ...
– J'ai que des bons produits, ici !
– ...
– Bon et puis toi, si tu consommes pas, tu dégages ! C'est pas l'hosto ici !

Le soleil ! Le soleil ! Y sont marrants avec leur soleil ! Y a pas que le soleil dans la vie ! La nuit, tenez, rien que la nuit, y a pas de soleil, eh ben y a moins de gens triste la nuit que le jour, si monsieur, comptez-vous même, si vous enlevez les gens qui rigolent dans les débits comme vous et moi, et ceux qui sont au bal par exemple et qui dansent,ou ceux qui dorment, tenez, ceux qui dorment sont pas malheureux ou alors on le sait pas, le sommeil ça nous regarde pas, eh ben qui c'est qui reste la nuit, deux-trois malheureux qui savent pas où aller, mais le jour, alors là le jour faut les voir, tous ces malheureux qui sont sous le soleil qui brille, ah la la la la, tous ces milliards de malheureux trop éclairés, d'ailleurs c'est bien simple, on n'a jamais vu des petits enfants mourir de faim pendant la nuit, à la télé c'est toujours le jour, ah, ah, alors moi je vous le dis, monsieur, merde au soleil et passez-moi l'expression !

Va falloir vous calmer, vous...

Tu soulèves l'Afrique, en dessous t'as plein de bestioles comme sous un caillou...

Tu chies dans l'Etna, le lendemain y a eu l'irruption, t'en as plein les bois.

Et sur les toits des maisons...

Ah je te dis, mois, les vulcanologues y z'ont pas le chauffage !
– Je comprends pas...

Tu peux tuer quelqu'un avec l'acupuncture, si tes aiguilles sont empoisonnées.

Tu sais combien ça coûte, une fusée ?

Son chien à Mitterrand, y dort à l'Elysée, et moi je dors dehors !

...la merde du roi de la forêt n'a pas de crinière, monsieur. C'est ce que je pense, moi !

Qui ?
– Lui.

Entre la Suze et l'Avèze, t'as autant de différence qu'entre le Pastis et le Ricard, je sais pas si tu vois ...

C'est un ancien communiste qui est devenu alcoolique.
– C'est bien qu'il s'en soit sorti.

Tu bois quoi ?
– ...
– Tu bois quelque chose ?
– Si t'essaies de m'acheter avec un coup de pinard !
– Non, non...
– Je t'aime pas, je t'aime pas, qu'est-ce que tu veux...
– Tant pis alors... tu bois quoi ?
– Rien !

Vu toute l'eau que tu mets, on se demande si c'est un Ricard pour boire ou pour te laver la langue.

Faut pas laver ta poêle, malheureux ! Tu mets du gros sel et t'essuies avec le journal, sinon elle va attacher.
– Je lis pas le journal, j'écoute les infos à la télé.

Il est tout le temps à l'étranger, Mitterrand, du coup l'Elysée ça fait un appartement libre.

Avec Tapie ministre de la Ville, je suis pas mécontent d'habiter la campagne...

Tapie ministre ! Alors là, c'est un marchand de papier cul qui invente l'imprimerie !

Le vin rouge donne une belle voix...
– Tu parles ! Les oiseaux boivent pas leur ballon chaque fois qu'ils chantent !

J'aime bien toutes les peintures bien peintes, les autres peintres ne m'intéressent pas...

A la table d'à côté y avait des Allemands qui regardaient le plateau de fromages en grimaçant, après ce qu'ils ont fait aux Juifs pendant la guerre, c'est culotté de faire les dégoûtés !

T'as intérêt à avoir la langue propre, pour embrasser une lavandière.

Les socialistes se rassemblent sur les fils électriques...

Comme il a des grands yeux, il voit plus de choses que nous.
– Ah bon ? Je savais pas que ça marchait comme ça...
– Te fous pas de ma gueule ! Des grandes jambes tu vas plus vite, c'est pareil !

Avec des grandes jambes on voit du pays... des handicapés, c'est des aveugles des genoux, au fond...

Tu réponds par vrai ou faux... d'accord ?
– D'accord, vas-y, gars...
– T'écoutes bien.
– Hein ?
– Bon, on y va... est-ce que t'es bourré?
– ... hi... qu'il est con lui... hi...
– Non non, sérieux, ... est-ce que t'es bourré?
– Redis la question... non non non attends... faux !
– Perdu.

C'est pas la peine que les mecs de la télé fassent des jeux, voilà les jeux à la con qui font marrer ces cons-là !

L'espace c'est du vide, si tu mets des betteraves sous vide... mais oui... bien sûr...

La rue a un petit air de fête, ce matin...
– Parle français s'il te plaît.

Un ballon !

Le mot "camarade", c'est sans doute le mot qui a le plus souffert de la politique.

Heureusement qu'y a des chômeurs, puisque de toute façon y a pas assez de boulot pour tout le monde...

Pour faire du vélo tout terrain, encore faut-il qu'il y ait tous les terrains là où tu fais du vélo.
– Tu pense à tout, toi...

Le patron, démission ! Le patron, démission !
– Je sais pas si je vais démissionner, mais je vais fermer à cinq heures, vous allez voir vos gueules...
– Le patron, au pouvoir ! Le patron, au pouvoir !

Moi si je les regarde trop longtemps, les nichons, je bande plus, faut que je les regarde juste un peu...

Je t'ai laissé parler, alors laisse-moi parler...
– Non !

C'est comme les hors-d'œuvre à volonté, si t'en prends trop, après tu manges pas ton plat...

On y va avec une caisse de vin, ça fait sérieux.

La météo, moi je te la dis si tu veux.
– Vas-y !
– T'auras le beau temps.
– C'est tout ?
– Eh ben c'est ça, la météo...

C'est pas Ben Hur, la météo...

MIACH MIACH MIACH MIACH MIACH MIACH
– T'aurais pas un chewing-gum pour moi ?

Tiens...

MIACH MIACH MIACH MIACH MIACH
– MIACH MIACH MIACH MIACH MIACH

Un vin de cette classe, même si tu le bois jamais il est encore bon.

Les fantômes arrivent à passer à travers les murs.
– Alors là où j'habite y a que des fantômes, vu l'épaisseur des murs...

Le vrai voyage n'existe plus, maintenant, on fait du transport de passagers ! Nuance...

Tu t'endors...
– Ouais.
– Tu te réveilles dans un milliard d'années.
– Ouais.
– Tu fais quoi ?
– Je bois un café.

On peut déraper
sur les betteraves,
mais ça fait pas des
beaux accidents...

*En devenant ministre,
Tapie peut magouiller
encore plus, il a l'amnistie.
– C'est un danger public,
celui-là...*

Un lait-fraise !
Pas trop de lait !
Pas trop de fraise !

T'as qu'à lui dire que tu
as ACCIDENTELLEMENT
avalé des vapeurs sur le
chantier, puisque t'as pas
le droit de boire...

Quand t'as tes jambes, tu
restes assis, quand t'es
handicapé, t'as tout le
temps envie de te lever.
C'est mal foutu, l'envie.

*Lolotte et
Jean-Pierre,
Doudoune
et moi on vient
aussi et on fait
une grande fête
dans le pré
pour les trente ans
de Kiki...
– C'est qui qui
vous a parlé de ça ?
– Ben, Toto !*

3190 francs aller-
retour New York...
ben putain, si c'est
aussi peu cher, c'est
que c'est pas à New
York qu'ils te
déposent, mais bien
avant...

3190 francs,
ça paie même pas
l'essence.

*Je vois pas
comment après
mourir on peut
garder sa fierté...
– Si t'es bien coiffé...*

Les chats voient dans le noir.
– Nous on allume, c'est encore mieux.

Je vais aller à
"Une famille en or".
– T'as pas de
famille !
– Et alors ! C'est pas
pour ça que j'ai pas
les réponses, il est
con, lui !

Si tu veux du boulot,
pourquoi tu vas pas
à Disneyland ?
– Faire quoi ?
– Je sais pas... Y
cherchent de gens
pour mettre dans des
costumes...
– C'est pas un métier,
ça.
– Chômeur non plus,
c'est pas un métier.
– Je suis peut-être
chômeur, mais dans
MES habits.

L'important
c'est les habits...

Je suis mieux
dans ma peau
de chômeur
que dans une
peau de
pingouin ! Et je
vous emmerde
tous !

Ho ! Du calme,
là ! Si c'est pour
crier dehors !

Je crie pas !
– Et tu fais quoi ?
– Je me déplie la
langue.

Ce que j'aime sur les ports, moi, c'est les sirènes des bateaux... tant qu'y aura des sirènes de bateaux... après, la vie... ça va... mais ces sirènes... nom de dieu... c'est la terre qui dit qu'elle est grande.

Leur Disneyland, tu te balades au milieu des animaux géants, des rats, des caïmans, c'est une sorte de délirium sur vingt hectares.

Maintenant, pour s'amuser, il faut des palais en carton et des manèges géants, y faut des chômeurs dans des costumes de souris, y faut des hôtesses et du beau temps... c'est beaucoup...

Ça y est il est encore parti, le capitaine.
– Fous-lui la paix...

Disneyland, tu fous du barbelé autour et tu enfermes les gens dedans, ça fait une prison où tout le monde est fou.

Malin, ça...

La mésange bleue fait son nid dans les haies.
– Dans les haies ? Dans les haies de quoi ?
– Dans les haies de n'importe quoi.
– Putain, j'irais pas habiter chez les mésanges bleues moi.

Tout se barre en couille de toute façon et c'est pas les conservateurs qui vont arranger la politique, y a plus rien à conserver. Même les colorants, tu les a plus...

Les rouges ?

Et les roses...

Il veut tout le temps aller se mettre au soleil.
– C'est un signe de tuberculose, ça...
– Les piafs, ça attrape pas la tuberculose !
– Tout ce qui a des poumons peut trinquer, fous-le à l'ombre...
– Ah bon... allez... viens Kiki...

Cuicui !

Tu vois, il est content.
– S'il est content c'est qu'il a pas la tuberculose !
– Tu le refous au soleil ?
– Je vais me gêner !

Pour moi, la campagne, c'est ce qu'on met au bord des routes en attendant les maçons, pas plus.

On a combien de mètres d'intestins, déjà ?
– Cent mètres.

Un volcan, si t'habites pas à côté, tu t'en fous. C'est un peu comme une décharge, au fond...

Depuis que j'ai vu un volcan de près, je trouve que les couleurs de la télé rendent pas si bien la lave. Sur ma télé à moi.

Quand tu vois les émeutes raciales à Los Angeles, si tu regardes bien les images, une fois de plus tu constates que c'est des Noirs qui cassent tout.

Moi je constate, c'est tout.

Le jour où tu me verras faire une émeute raciale, moi...

Le jour il est pas né...

Ton ordinateur à mémoire, je lui fous un coup de marteau y se rappelle de rien, comme tout le monde !

Les gitans qui réussissent dans la vie arrêtent de manger les hérissons, y se mettent aux oursins...

Un riche qui ne mange que des oursins, tu peux être sûr que c'est un ancien gitan !

Il est tout rouge dans une voiture rouge.
– Alors c'est pas lui.

Les mecs avaient des flingues, y tiraient partout dans les rues, fallait voir !
– Les armes sont en vente libre, là-bas.
– Ah... c'est pour ça... oui, ben c'est pas une raison !

Je ne les excuse pas, je les plains, c'est différent...

C'est l'échec de toute une politique d'intégration.
– Intégration mon cul ! Là-bas les Noirs ont pas droit de faire du vélo !
– ?
– Pas partout.
– ?
– Dans certains Etats EXTRÊMEMENT racistes.

Il en faudrait des kilos, de muguet, pour rendre les cons heureux.

Là-bas, c'est le narco-dollar, ici c'est le Ricard-franc.

A l'usine, plus on est de fous, plus on se fait chier.

Les tous petits oiseaux se posent sur les ondes de radio, ça dérègle, c'est ce qu'on appelle le parasite à plumes.

Et si on était pas apparus sur terre mais que c'était la terre qui était apparue sous nous ?
– Ça changerait quoi ?

Cette année on va pas prendre de vacances, alors t'inquiète pas si tu vois pas les cartes postales arriver.

Ils ont une poubelle pour le papier, une poubelle pour le plastique.
– Et le papier plastique ?
– Quoi ?
– Ils le jettent où ?

Je suis né Scorpion mais j'aime pas mon signe, je vais demander asile politique chez les Verseaux.

Je vais me gêner !

... burp...

Ça se dégage, on dirait...

Un grand vin se boit à la température de la pièce et si t'es dehors, en terrasse, tu te fais pas chier tu prends du rosé.

Nous c'est ce qu'on fait, même dedans.

Pour chaque mort dans le public, je fusillerais un joueur !

C'est la tribune qui s'est écroulée ! Combien ?
– Onze morts et je sais plus combien de blessés...
– Crever sur une tribune pendant un match de foot, c'est bien la preuve que même rien foutre c'est dangereux.

On n'est à l'abri nulle part, moi une fois j'ai reçu le ballon.

Le danger est partout, en Grèce, en Chine, à Laon...

L'Alaska, t'en fais le tour en deux jours, tu peux pas t'arrêter, tu gèles sur place.

De toute façon y a rien à voir, c'est comme le Groenland.

Le bord de la mer et le bord de la terre se touchent, c'est des bords faits pour se toucher.

T'es con !
– Tais-toi Coco.
– T'es con !
– Tais-toi Coco.
– T'es con !
– Tais-toi Coco.
– T'es con !
– Tais-toi Coco.

Mais arrête ! Tu vois pas que le perroquet te fait parler ?

T'es con !
– Réponds pas...

Avec l'avion tu passes au-dessus des nuages, là où il ne pleut jamais.
– Qu'est-ce que t'en sais ?

En passant au-dessus des Alpes en avion, ma femme a eu son pied droit qui lui a serré sa chaussure.

C'est dingue, l'avion ! C'est lourd comme un bateau et ça vole.
– Ça doit être moins lourd puisque le bateau, lui, vole pas.

En gros c'est ça...

Avec sa machine à couper le jambon, tu peux faire des tranches au micron près, c'est chic si t'as une charcuterie en face du Collège de France.

En montagne t'as des refuges, mais c'est pas politique.

Avec le temps comme ça...
– Y fait comme hier...
– Oui, avec un temps comme hier...
– Eh ben ?
– On sait plus le jour qu'on est.
– Mercredi.
– Comme hier.

Du temps
y m'en faut pas,
y m'en faut plus...

Attention de pas baiser mon stylo.

Les mouches avaient envahi la voiture, on aurait dit une promenade en Inde.

A force de souffler, le mistral s'use sur les cailloux, un jour t'en auras plus...

Des énormes raviolis avec des vélos dedans.

C'est dans les poneys qu'on fait les petits biftecks.

Le nuage empêche les coups de soleil, t'as qu'à en vendre en tube.

N'oublie jamais que ces gens sont morts pour que tu vives en liberté.
– Non, ils sont morts pour qu'on ait un jour de congé.

Moi j'aimais bien la messe en latin, t'avais l'impression d'être en Grèce.

Ça se recouvre...

Il y a plus de morts pendant le football que pendant la guerre du Golfe, si tu comptes bien.

De toute façon la Corse c'est pas droit, tu peux rien poser par terre.

On aurait dit Hiroshima en plus petit.

Moi le foot je le regarde à la télé, comme ça...
– Comme ça quoi ?
– Je meurs pas.

...de toute façon, les vrais responsables des morts de la tribune, c'est les joueurs ! Y z'auraient pas joué au ballon à ce moment-là, personne serait allé les voir et y aurait pas de morts, monsieur, zéro mort !

Et mon demi ?
– Il arrive.
– Quand ? J'ai pas que ça à faire, moi ?
– Et t'as quoi à faire ?
– ...faut que je téléphone.

L'Arc de Triomphe, on ne sait pas de quel triomphe il s'agit, on visite comme des cons !

Ah, je vous jure...

Moi je ne visite jamais rien ! Et alors ? J'ai pas des trous dans la carte de France !

Les trucs à visiter sont souvent moins intéressants que les trucs juste à côté qu'on visite pas... en tous les cas, c'est ma philosophie de la visite...

Un château... refait à neuf... si c'est pour visiter des briques qui datent d'hier, ah non alors, non merci...

Tu vas pas à l'hospice voir une vieille qui a six ans, tu restes chez toi, eh ben c'est du pareil au même...

Les esclaves, au moins, ils avaient du boulot !

Shakespeare, c'est le plus moderne de tous, ça parle même de bagnoles dedans.

Les yeux trop bleus c'est comme la mer trop bleue, ça fait des cartes postales derrière les lunettes...

C'est le contraire d'une abeille, ce mec, y fout rien et y boit !
– Effectivement, ça ne ressemble pas...

Au Vatican t'as une chambre pour le Pape, tout le reste c'est pour les amis...

... mais bien sûr...

J'ai pas honte qu'on m'appelle grand-mère, puisque en plus c'est vrai...

Ça serait pas vrai...

Mais en plus c'est vrai...

Les écureuils volent les boules de cricket parce qu les boules sont taillées dans le noisetier... soi-disant... c'est ce qu'y disent quand y retrouvent pas une boule dans l'herbe...

C'est joli, la vigne grimpante, mais faut être un lézard pour vendanger...

A la campagne faut pas s'asseoir, ça met du vert sur le pantalon.

Les écologistes, les écologistes, tu parles, ils en prennent bien de l'Aspro, eux aussi...

... Comme tout le monde...

La terre, ça finira que ça sera comme une poubelle dans l'espace, et si on se fait envahir par les mouches du cosmos faudra pas venir chialer.

Leur Europe unie, un tremblement de terre et tu vas voir l'union.

Ça va nous rapporter quoi, de devenir Européens ?! Tu parles ! Déjà dans ma rue je parle à personne.

C'est le contraire qu'y faut faire, des pays de plus en plus petits et pas des pays de plus en plus grands ! T'imagines, la rue ici ça devient un petit pays !
– Arrête de déconner.
– Hein ?
– Mais non, c'est pas à toi que je parle.

C'est à moi,
je lui tire sur
la chemise.

Le mec qui met un chapeau de paille de nos jours, soit c'est un Chinois, soit c'est un acteur qui joue un Chinois, c'est tout.

Quelle heure il est ?
– Mais putain pourquoi tu n'achètes pas une montre plutôt que demander l'heure toutes les dix secondes ?!
– Avec la sueur, ça me fait des champignons sous le bracelet.
– Et alors, c'est bien ! Chaque fois que tu regardes l'heure t'as l'impression d'aller en forêt !
– Pfu... alors cette heure ?
– Moins dix.
– De combien ?

Pas énervant,
lui...

C'est con de vouloir sentir la rose, est-ce que les roses elles se mettent de la sueur ? Dis ?

Ils vendent les fleurs dix fois leur prix !
– Dix fois le prix ?
– Dix fois le prix de la fleur.
– C'est combien, le prix de la fleur ?
– Le prix normal ?
– Oui, le prix de la fleur elle coûte quand elle pousse ?

Il a une prothèse dans le genou qui grésille quand le feu va passer au rouge, alors quand ça grésille il appuie sur le champignon... il est chauffeur de taxi... le meilleur que je connais... les autres que je connais ne grésillent pas.

– Bof... tout dépend si y a du caillou...

Vous savez ce qu'il fait, le nouveau chef ? Vous savez ce qu'il fait ? Il ouvre les tiroirs des bureaux pour voir si on a mis des miettes.
– On n'a pas le droit d'ouvrir les tiroirs.
– Eh bien lui, il le fait !
– Les tiroirs c'est personnel.
– Ça je sais !
– C'est comme si... il entrait dans une ambassade...

Y a des lois, merde !

Son chef
c'est un enculé,
il les fait bosser.

Je mets tout mon linge à sécher dans le jardin, ça éloigne les oiseaux des tomates et dès que les oiseaux reviennent ça m'avertit que le linge est sec. Ils ont un sens pour ça, les oiseaux, surtout les mésanges, quand c'est sec, ça arrive, ça doit venir d'une peur de la sécheresse, quand c'est mouillé les oiseaux s'en vont se promener tous contents, et quand c'est sec y reviennent voir et ça les inquiète...

Qu'est-ce qu'elle est bavarde ce matin, celle-là...

Moi j'ai un sèche-linge, et dedans j'ai pas d'ennuis avec les oiseaux !

La modernité, c'est ça, quand la machine remplace l'oiseau.

Un nuage en forme de bite, juste au-dessus du pré qu'on était avec les enfants...

La campagne c'est pire que la ville, des fois...

Rien qu'avec l'argent du football, tu peux construire des milliers de terrains pour le basket !

Quand tu rentres en prison, ils te fouillent dans le cul pour voir si t'as rien caché... tu parles d'une cachette...

J'y mettrais pas mon pognon.

Il a peint ses volets mais faut voir comment c'est bien peint, on dirait des volets en photo !

Quelqu'un qui joue de la flûte traversière sur une petite route, tu peux pas doubler.

C'est un livre que je te prêterai, c'est l'histoire de l'art du début jusqu'à la fin.

Plus on va vite et plus on arrrive tôt pour l'apéro, du coup on boit vingt fois plus d'apéros qu'au Moyen Age.

Interdiction de marcher sur les pelouses ! Tu sais ce que je lui ai dit, au gus ?
– ...
– Les pelouses sont à tout le monde !
– Moi je réponds ça aussi.
– C'est le mieux à répondre.

Enfin...
un de moins.

C'est le genre de ministre qu'y faut lui coudre les poches comme aux croupiers...

C'est de la mauvaise graine de ministre, tout ça...

Tu verras qu'ils vont lui donner la légion d'Honneur pour escroquerie ! Tu verras ! Quand ils lui donneront, tu diras tiens, la Tige avait raison ! Mais bien sûr que tu diras ça si j'ai raison, obligé, ou alors t'es un gros con !

Tapie ministre de la Ville ?! Pfu... je suis sûr qu'il a même pas de géranium à son balcon.

C'est des mecs qui ont jamais marché dans la merde de chiens ça, comment veux-tu qu'ils y comprennent à la ville ?

Bientôt le père Tapie on pourra l'acheter pour 1 franc !

Tapie ?! Mais ça se voit, que c'est un truand ! Et pis d'abord moi j'aurais jamais donné le ministère de la Ville à un gars qui a un bateau !

Ça fait le genre : j'ai un bateau, je me mets dessus et je vous emmerde.

Mitterrand peau d'hareng !

En Italie, t'as de la mafia même chez Cassegrain.

T'as vu comment qu'y te l'ont fait sauter, le juge Falcone, t'as vu ça ?!
– C'est des pros qui ont fait ça.
– Si c'étaient les Français qui avaient fait ça, deux jours après t'avait les tronches des gars dans Paris-Match.

Mitterrand il a fait sauter le bateau de Greenpeace, il

est pas mieux que la mafia.

Quand ils te changent le cœur, au début ça couine comme des chaussures neuves, mais après ça se tasse.
– Eh ben putain, ça fait peur !
– Le cœur bat, ça fait crouic... crouic... crouic...
– Eh ben putain, ça fait peur !
– Après ça fait plus de bruit, à la limite tu te demandes s'il marche encore...
– Eh ben putain, ça fait peur !
– ... comme les chaussures neuves je te dis, quand ça fait plus de bruit à la limite tu te demandes si t'es pas pieds nus.
– Eh ben putain, ça fait peur !
– Question d'habitude, c'est tout...

On peut rien contre la mafia, et même si on voulait on pourrait pas vu que tout le monde il est dans la mafia, la police, la gendarmerie, le gouvernement, les infirmières, tout le monde veut toucher une part du magot qui est énorme, l'argent tout court tout le monde en veut, pour plus d'argent nulle part, que des haricots, et moi je paierai ce que je dois avec des haricots !

C'est minable comme exposé...

Les infos, c'est sacré !

Dans deux ans c'est le plein de dealers, là-dedans !
– C'est trop surveillé.
– Je te dis que dans deux ans leur Eurodisney il est plein de dealers !
Non mais sans blaguer,

le meilleur endroit pour dealer, c'est dans un Mickey !

Encore ?!!!
– J'en profite que j'ai pas de bagnole.

Quelle chaleur !
– Oui, quelle chaleur !
– Pfu !
– Pfu !
– On étouffe !
– On étouffe ! Excusez, je n'ai même pas le courage de trouver mes mots, je prends les vôtres !

Pour une belle fête des mères, c'était une belle fête de mères, personne n'est venu me voir !

Tous ces morts ! Mais tous ces morts !
– Noiret.
– Maillan ! Je n'en ai jamais vu autant !
– Dietrich.
– Elle, encore, je l'aimais pas beaucoup avec ses bas.

On nous dit que la rate ne sert plus à rien, mais de quoi je me mêle !

C'est lui qui a remplacé mon mari depuis qu'il est mort...
– Il est aveugle ?
– C'est le sucre.
– Et votre mari il était aveugle ?

L'avantage du whisky pur malt, c'est qu'on peut travailler après.

Dans des millions d'années, le mec qui restera sur terre pour les vacances, ça sera le con qui a pas de sous.
– Peut-être même avant.

Pâques c'est comme le Père Noël, j'y ai jamais cru...

T'aurais vu l'orage ! De grosses gouttes comme des jambons !
– Des jambons de pays ?
– Oui, des jambons de pays.

Ils ont pas pu sortir du café.

En Laponie, c'est un président ou quoi ?
– Chais pas.
– Et ça marche bien aussi !
– Oui, mais c'est en Laponie.

Quand j'étais gosse, on disait que l'orage c'était le bon Dieu en colère.
– T'as été gosse, toi ?

En Italie y a pas eu de président de la République pendant un mois, et alors ça a pas marché plus mal pour autant.
– Oui, mais c'est l'Italie.
– Je sais, je viens de le dire.

Si Mitterrand il était président en Laponie, ça lui rabattrait un peu son caquet ! Tout le monde s'en foutrait pas mal de Mitterrand, alors qu'ici, il fait son malin ! Il se prend pour le roi des cons, ou quoi ou qu'est-ce ?

Quand tu vois les examens que les mecs passent pour qu'on les mette dans les fusées, ça donne pas envie de devenir astronaute, ah non !
– La température toutes les dix minutes.
– Pire que ça ! Des heures assis à attendre le départ, pour voir si t'en as pas plein le cul...

Merde alors !

Ils leur apprennent des poésies qui riment quand elles ont le temps !
– Au nom de quoi ?...

Ça m'a énervé, ce truc !

Dis donc, elle est énervante ta mirabelle !

Lang y se fait Lavilliers, tu savais pas ?!

Maintenant ils font des régimes pour maigrir où tu manges QUE de la charcuterie, mais à volonté.
– Et ça marche ?
– C'est la charcuterie qui marche, surtout.

Si tu veux maigrir, le mieux encore c'est de faire du sport, mais faut pas aller au café après ! Ou alors t'en bois qu'un mais après du sport, je connais personne qui en boit qu'un.

La soif est plus forte, et même si t'as pas soif c'est plus fort aussi.

C'est un truc au-dessus.

Plus fort que l'homme.

Le secret, c'est une bonne vésicule.

Je donnerais père et mère pour refaire caca normalement.
– Des choses comme ça, ça ne se dit pas.

Revlon ? Revlon ?
C'est du parfum, ça ?
Revlon... Revlon...
Revlon... Revlon...
le parfum Revlon...

Il est très intelligent.
– Moi je le trouve très con.
– On doit pas parler du même, vous parlez de qui, vous ?
– Du teinturier.
– Ah moi aussi, peut-être qu'on l'a pas vu le même jour.
– J'y suis passé hier.
– Ah moi aussi ! A quelle heure ?
– Onze heures.
– Moi j'y suis allé à midi.
– Ça doit être ça alors... en une heure, il a eu le temps de changer...
– C'est les produits qu'ils mettent dans les machines, ça fait des effets...
– Ça en fait sur le linge, ça peut faire sur le gens...

Moi je ferai payer une brique par merde de chien, et tout de suite, en liquide !
– Personne pourra payer.
– Eh ben quand on peut pas payer, on fait pas chier son chien !

C'est des richards qui font boucher le cul de leur chien par le vétérinaire ! Tu sais combien ça coûte, ce genre d'opération à la con ? Dix briques !

Mais non...

Si je te le dis !

Ça fait vingt briques si t'as deux chiens !

Vous avez refait les peintures du café?
– Non.

T'as moins d'alcool dans le vin que dans la prune fermentée que tu ramasses par terre.
– Et y a des guêpes dessus souvent...
– En plus ! Alcool et guêpe, je sais pas si tu vois le mélange ?

Avec la plaque diplomatique tu peux pas avoir l'alcootest.

...rot...

Vous avez refait les peintures du café?
– Non... vous êtes le second qui me demande ça...

Toutes les églises sont en bois, là-bas, du coup ça ne résonne pas quand le curé fait la messe et on s'ennuie.

C'est quand c'est en pierre que ça résonne toujours comme ça, d'ailleurs si ici c'était de la pierre, eh bien ça résonnerait, voyez-vous...

Manquerait plus que ça...

Déjà avec toutes ces glaces, quand on regarde on dirait que ça résonne.
– Ah bon ?

Ne me faites pas dire ce que je n'ai pas dit !
– Non non...

Vous avez rasé votre moustache ?
– J'ai jamais eu la moustache.
– Ah...
– Mais qu'est-ce que vous avez tous, aujourd'hui ? !

C'est l'orage.

La machine à café est en panne, alors je suis venue en boire un ici.
– Oh mais vous n'avez pas à vous justifier !

Pompidou chaussait du combien ?
– Pourquoi tu demandes ça ?
– Pour savoir du combien Pompidou chaussait.
– Je ne sais pas.
– Personne sait.

Y vient à pied, mon pastis ?

On ne balaye pas pendant le coup de feu !

L'avantage du cinéma porno, c'est qu'on peut boire l'argent des costumes.

Je déconne, là?

Y en a des familles, dans notre bâtiment, ils élèvent des chèvres dans l'appartement et ils les égorgent sur le balcon pour faire du méchoui !
– Le pire c'est les escargots, ça se tire par les tuyaux...
– ?

Interdiction de fumer dans les restaurants, on aura tout vu ! Et si moi je veux aller au restaurant pour fumer, c'est mon droit, merde !
– Moi je fume plus depuis deux ans.
– Et vous y allez, au restaurant ?
– Rarement...
– C'est les fumeurs qui vont au restaurant, les fumeurs je vous dis, les autres restent chez eux, c'est STA-TIS-TIQUE!
– Ah ?

Maintenant, pour les locations, y font payer la vue qu'on a par la fenêtre ! Alors, quand ceux d'en face y regardent mon bungalow, on leur fait payer aussi !
– Vous pouvez déduire les sous de votre vue de leur vue, en tous les cas ça serait normal, et vice versa...
– Bientôt, on fera payer ce qu'on entend !

Les astronautes volent dans la cabine, y a pas d'apesanteur, des vrais cons ceux-là... vous vous voyez voler dans une cabine, vous ?

A côté de l'Opéra, c'est une brique le studio...

Ils ont réparé le satellite dans l'espace ! Remarquez, ils l'auraient pas envoyé là-haut, ils auraient pu le réparer dans le garage...

L'oiseau, il est dans le bourgeon, et quand le bourgeon s'ouvre l'oiseau s'envole de l'arbre, ça serait plus joli que l'œuf qui sort du cul comme système, je trouve...

Delon regarde tout le temps en face à cause d'une malformation.

Ça s'arrange pas, chez lui...

Le jour de la fin du monde, on perdra pas beaucoup !
– Surtout les ennuis.

T'as beaucoup mangé à midi ?
– Normal.
– On dirait que t'as grossi...
– Depuis tout à l'heure ?!
– Depuis midi.
– Tu me fais peur, là...

Si le dompteur regarde au plafond le tigre il le bouffe, c'est un des premiers trucs à savoir... ne pas regarder au plafond...

Je connais un seul mec qui s'en est sorti royalement, après la guerre d'Indochine, c'est un para qui tient un tabac à Verdun...

Au Bengale, avec les tremblements de terre, c'est le tigre qui prend le plafond sur la tête.
– Au Bengale y a pas de cirques.

Y a des noms de rues qui font rêver, rue du Pot-au-Fer...
– Rue du Général-de-Gaulle...

Des orages, des orages, des orages...
– Ça va devenir dangereux d'attendre le bus...

Faut pas se gratter un jour d'orage, ça fait des rougeurs.

C'est pas des gouttes normales, qui tombent en ce moment, c'est des gouttes énormes ! C'est à cause de la pollution ça, ça fait des mutations génétiques, d'où les orages...

Ça fait des veaux à plusieurs têtes, les grosses gouttes c'est facile à faire...

Arrête de rire, ça te fait un gros trou sous le nez !

La bouche, ça a un nom...

Fait pas froid...

Bonjour
– Re !

Depuis le temps que je joue au Loto, j'ai pas gagné 1 franc !
– Ça c'est rien, si tu veux moi je te les donne, les 1 franc...

Pas la peine de jouer pour ça...

Un marin doit mourir sur son bateau ! Ou à côté à la rigueur, s'il tombe à l'eau...

Pas au bistrot d'en face, c'est ça qu'il veut dire...

Un cycliste, y meurt pas sur son vélo !

Les débiles très profonds, on n'a qu'à mettre des poissons dedans.

Un pâté-cornichons avec beaucoup de cornichons !

Tapie va plus être dans le *Quid* l'année prochaine, ça c'est sûr, ça rigole pas, dans le *Quid*...

La merde de pigeon est super acide, ça attaque tout, t'en mets une tonne dans une bombe et tu balances ça sur des villes pleines de monuments ! Tu sais que tu peux faire partir les touristes, si les églises elles sont rongées... tu le sais, ça ?

C'est un mini mini mini Hiroshima qui sort du cul...

C'est dans la trompe de l'éléphant que y a toutes les vitamines.

Finalement, y a qu'un côté de la tranche qu'on voit, l'autre côté du jambon, on l'oublie...

T'as qu'à retourner la tranche, eh banane !

Du savon pour les peaux fragiles, du savon pour les peaux sèches, pour les peaux grasses ! Moi ce que je voudrais, c'est du savon pour les peaux sales !
– Ou pour les peaux propres...
– ?
– A la limite...
– Tu vas acheter du savon pour peau propre toi !?

Faut que ça soit marqué dessus... savon pour peau sale... très sale... super sale... archi-dégueulasse... là c'est un vrai choix...

J'ai pas envie de me battre...
– !!
– Oh, tu me fais pas peur !
– !!!
– Bois plutôt un coup, va...
– ?

... non, non, pas de mélanges !

Ah non, j'ai pas vu la Miche, aujourd'hui...

De toute façon, la Miche vient plus ici depuis au moins un mois...

Si ça se trouve, il est arrivé quelque chose à la Miche...

C'est un sacré bricoleur, tu lui donnes le soleil y te fait une lampe...

Leur sommet pour sauver la Terre, c'est encore une combine pour s'empiffrer !

C'est des repas qui sont remboursés, les repas des sommets...

Leur sommet de la Terre peut rien arranger, mais tous ces chefs d'Etat, qu'est-ce qu'ils savent sur la Terre !? Hein ? Moi quand je vais chier dans mon jardin, qui c'est qui le sait ?!

Un jour c'est la sécheresse, le lendemain c'est l'inondation.
– Ils disent que les climats sont déréglés.
– Ils ont bon dos, les climats, tiens !

A Rio... pfu... et pourquoi pas à Saint-Tropez !

C'est le sommet des branleurs de la Terre oui !
– Exactement !

Dans le monde, en tout, t'as peut-être quoi... un milliard de chômeurs !
– C'est la planète chômage.

La Terre est trop dure pour avaler l'eau, alors ça glisse et ça fait des torrents de boue qui emportent tout sur leur passage, comme en Afrique !

Si les ploucs labouraient un peu plus, ça arriverait pas...

En Afrique, ça emporte plein de Noirs, pas ici...

Quand je choisis un apéro tout le monde prend comme moi, je fais pas exprès mais y paraît que je suis un leader...

La même chose que lui.
– Un kir ?
– Non non, pas un kir !
– Alors c'est pas la même chose que lui.
– Qu'est-ce qu'il a, lui ?
– Un rosé.
– Non non, pas un rosé !
– Bon, je reviendrai quand tu auras ton avis PERSONNEL.

A Moscou
je voulais pas
redescendre
du car.

A cause de la sécheresse, interdiction de laver les voitures !
– C'est complètement con, vu que l'eau qui sert à laver les voitures, de toute façon on la boit pas... tu te vois arriver dans une station de lavage et boire l'eau qui sort de la machine ? Tu te vois ? Tu te vois faire ça ?
– Non.
– Je te le fais pas dire.

Si encore le micro-onde donnait le cancer, mais non, ça donne le sida !
– Euh ?
– Si, c'est un grand professeur qui l'a dit !

Tout ça c'est de l'amuse-con pour nous amuser...

Ma belle-sœur, sur son micro-onde elle met du linge à sécher...

Voilà ce que c'est.

Si les halogènes c'est cancérigène, alors le micro-onde, je sais pas ce que c'est !

C'est pas le tabac qui donne le cancer, c'est l'énervement d'avant que tu fumes.

J'habite du côté de la Cité des Sciences.
– Ça ne se voit pas.

Tous les Chinois se ressemblent, et c'est pas moi qui le dis, c'est eux...

Si je commence je peux pas m'arrêter, si j'en bois un, j'en bois vingt...
– Moi c'est pareil, si j'en bois vingt, j'en bois quarante.

Il ne faut pas s'endormir sous un noyer, l'ombre est empoisonnée...

C'est toujours les intellos qui sont végétariens, et pourtant dans la salade y a pas plus d'intelligence qu'ailleurs !

Ça finira que toute la campagne française sera un désert, ça promet, déjà qu'en ville on a les bédouins !

Mitterrand travaille pour une puissance étrangère, un jour tout sera découvert !

Un jour, tout se découvre...

Une autre Suze-cassis.
– Encore ?
– On change pas un apéritif qui gagne...

C'est un ancien videur de boîte de nuit mais il a été viré, y vidait les boîtes comme des poulets, y mettait la main là-dedans et pchiaff ! C'était sanglant.

J'aime pas la télé mais comme j'aime pas lire, je me fais chier... Je serais aveugle que rien me manquerait, à moi...

Rebois un coup, de toute façon, c'est la grève à la télé...

On voit trop de comiques maintenant à la télé, on dirait que c'est eux qui ont racheté les bureaux.
– Trop de comiques, c'est trop.

Tous ces comiques à la télé maintenant, ça fait pas très sérieux.

Si un étranger regarde notre télé, on passe pour des cons !

Je connais bien surtout la partie sud de l'Asie, le nord c'est mort.
– Y a personne ?
– C'est pas ça, mais faut aimer disons...

Elle m'a vendu des petits pois durs, durs, durs, des petits pois qui sortent de prison.

Elle m'a mis trois tranches au lieu de deux, j'ai rien dit, c'est pour les fois où c'est elle qui me vole.

Garros Roland.
– Qui ?
– Tu vois, dit à l'envers on sait plus qui c'est.

Le prix de l'emplacement publicitaire a triplé en deux ans.
– Ben putain ! Et qui c'est qu'en achète alors ?

Il est tellement timide, il se parle même pas à lui-même dans sa tête.

Moi le cancer, si je l'ai, je me le soigne tout seul avec la force mentale !
– On dit pas des choses comme ça, monsieur Dimitri.
– Je me le souhaite pas, le cancer, mais si je l'ai, faudra bien !
– Personne vous le souhaite.
– Vous êtes gentille.

Tapie est venu, ça a rien changé, Tapie est parti, ça a rien changé non plus.
– Ça se voyait sur sa gueule, que c'était pas un changeur.

Les égouts sont pleins de merde et personne dit rien vu que c'est fait pour ça... moi ça me gêne ! Tu te promènes au Luxembourg avec ton gamin, dessous c'est plein de merde. Bon, j'arrête avec ça...

Toute la journée je vois des cons, et alors y sont pas plus cons qu'ailleurs ! J'invente, là?

L'aveugle de naissance peut pas savoir comment c'est une couleur, comment il saurait ce que c'est le rouge, ou le vert, ou le bleu même, il ne peut pas, bien sûr que non, il croit que le bleu c'est mouillé par exemple parce qu'on lui dit que la mer c'est bleu, ou que dans le rouge y a des noyaux puisqu'on lui dit que les cerises c'est rouge, et le blanc c'est froid puisque la neige est froide, remarquez c'est pas plus mal, quand à l'aveugle on lui dit que le drapeau français, c'est bleu-blanc-rouge, pour lui le drapeau français c'est la mer, une cerise, la neige, c'est presque ça la France, une mer, une cerise, la neige, et je vois pas beaucoup de soldats défiler sous la mer avec une cerise et de la neige, on passerait pour des cons à défiler contre ceux qui ont des drapeaux avec une tête de mort dessus, ça aussi ça correspond bien au noir quand on explique ce que c'est à un aveugle le noir, c'est un crâne avec des os, alors ce que je voulais dire c'est que les aveugles de naissance voient la mer, des cerises et la neige quand nous les voyants on ne voit que des drapeaux, et je ne dis pas ça pour dire du bien des aveugles de naissance, loin s'en faut !

Le myope, il est con par rapport à l'aveugle, il a pas choisi son camp.

Je serais roi de France, j'irais pas me faire chier à visiter l'Angleterre !
– Putain moi non plus !

C'est des vins à mille balles la bouteille !
– T'es fou ! La demi-bouteille !

La reine d'Angleterre qui boit du vin, on aura tout vu ! C'est à nous, le vin !

Oui, mais faut voir le vin qu'elle boit aussi, la reine, c'est du Rembrandt...
– Nous c'est du Prost !

Elle peut se payer autre chose, non, c'est du vin !

Tu peux être très con et très intelligent en même temps, si t'es malin...

La reine d'Angleterre ! La reine d'Angleterre ! Putain c'est le Moyen Age, chez eux !

C'est plus la peine d'avoir le bac, tous les boulots sont à sec, tu vas au chômage à pied, c'est tout !
– De toute façon y z'ont droit à des machines à calculer !

Les écoles ferment les unes après les autres et ils rangent les vieilles voitures sous le préau...

Qu'est-ce que tu bois lentement !
– Pas la peine d'aller plus vite que le fruit qui mûrit.

Tu verras que ce soir il est mûr.

Un mètre d'eau sur l'autoroute avec l'orage, et vous savez la meilleure ?!
– Non.
– Au péage où qu'on paye, c'était tout sec !

Drogue dure, drogue douce, tout ça c'est drogue et compagnie !

Vin dur, vin doux, tout ça c'est vin et compagnie...

C'est à cause de la peur du vide qu'on a mis des étages à la tour Eiffel, sinon on dépenserait pas pour ça...

Y a une époque pour la taille des rosiers...
– Ça correspond à quoi ?
– En général, je le fais aux vacances...

C'est du produit pour tuer les fourmis, ça fait rien aux moustiques, ça les intéresse même pas...

Tu mets un cachet d'aspirine dans l'eau de tes fleurs, elles tiendront plus longtemps.
– Ça marche, ça ?
– Je sais pas, mais moi je le fais.

C'est beau, le verre, mais toute une ville en verre tu vois chez les voisins, ah non alors !

Ils ont trop de dettes...
– Pas plus que la terre ! Tous les ans faut qu'elle rembourse du blé !

Le verre, faut le garder pour faire les verres.

Les corbeaux, ça donne le cafard... surtout sur la neige... alors là, des corbeaux sur la neige... je me pends...

Y a les dés mais y a pas les fiches.
– Regarde sous le comptoir.

C'est beau, la campagne...
– Trop grand, d'ailleurs on se perd tout le temps.

Les gros cons de paysans qui bloquent les routes maintenant, comme si on avait besoin de ça !
– Ils veulent quoi ?
– Qu'est-ce que vous voulez qu'y veuillent ? Des sous ! Alors moi c'est pareil, si je fais pas du chiffre, je demande des sous ! Vous buvez rien ? Tant pis, c'est l'Etat qui paiera ! Alors moi c'est simple, je dis, si leurs tomates ils les vendent pas, eh ben ils ont qu'à les manger ! Voilà ce que je dis...

J'y vais jamais.
– Moi non plus.

C'est un courant d'air géant !

Les poules elles pondent, mais on voit sur l'œuf qu'elles ont serré les fesses...

Ça donne l'oxygène à la ville, tout de même...
– Faux, ce qui donne l'oxygène à la ville, c'est les rues piétonnes.

Pourquoi juste là, c'est ça qui m'étonne, pourquoi juste à cet endroit-là ?
– Un jour on apprendra qu'il y avait du pétrole sous Eurodisney !

Si ça se trouve, c'est vrai...

Eh ben la monnaie unique, c'est ce que je dis, c'est une espèce de retour aux anciens francs.

Les tueurs d'enfants, c'est des mecs pas normaux, tu les mets avec des adultes, ils les tuent pas.

Les tueurs d'enfants ont pas d'enfants, c'est pour ça qu'ils les tuent, pour que les autres en aient pas non plus...

Plus ?
– Jusqu'à la marque, là.

L'escargot est condamné à s'adapter ou à disparaître !

C'est une vraie, ta dent de requin ?
– J'ai une gueule à porter une fausse dent ?

J'aime pas aller chez les autres mais, par contre, j'aime bien recevoir, je suis comme ça, que voulez-vous...

T'as vu les résultats du sommet de Rio ? Y veulent pas sauver finalement...
– On s'en fout, ils font ce qu'ils veulent, après tout...

Dans l'avion, assis ça va, mais debout j'ai le vertige...

Ah ! Merde ! J'en ai partout ! Jusque dans les chaussures !
– Excuse !

Tu viens à la soirée coq au vin ? Y aura tout le monde.

La plus belle, pour moi, c'est la tapisserie de Bagneux.
– Bagneux ?
– Oui, c'est ce qui a rendu Bagneux célèbre, d'ailleurs.
– Jamais vu.
– Hé ! Elle est planquée ! Ils la mettent pas à sécher sur un balcon.

Les mecs comme d'Aboville c'est des fous ! Y font des exploits tellement dingues qu'on sait plus si y tournent autour de la Terre ou si c'est la Terre qui tourne autour d'eux.

C'est un Italien, y parle avec les mains.

Le sang contaminé, là, j'en ferais du boudin et je leur ferai manger !

Quelle horreur, ce sida, quelle horreur, mais que voulez-vous, on peut tout de même pas forcer les gens à se laver !

Une honte ! C'est une honte ! Vendre du sang contaminé pour de l'argent !
– Faut être con pour acheter ça, aussi...

En Afrique tout le monde l'a !
– Quand on les voit à la télé, ça a pas l'air de les biler plus que ça...

Une maladie chasse l'autre, on guérit la peste on a le sida, on n'aurait pas guéri la peste on n'aurait pas le sida...
– Qui c'est, le con qui a guéri la peste ?

J'ai plus de mirabelle mais j'ai de la poire.
– De la poire ?
– C'est bon la poire aussi, ça a goût de fruit.

Moi les docteurs c'est pas un procès que je leur ferais, c'est une transfusion directe !

Les vedettes, tu sais pas ce qu'elles mangent... du cornet de jambon macédoine, tiens, par exemple, qui c'est qui en mange ?!

Jean Carmet il en mange...

T'as vu ?! Y a plus la Cinq !
– Ça fait trois mois.

Catherine Deneuve c'est plutôt de la salade, elle...

Et je te préviens, t'arraches pas les pages du bottin, si tu veux un numéro tu le recopies !

Elle est ronde, la Terre ? Pfu ! A force de creuser, moi je demande à vérifier !

T'oublies pas ce que je t'ai dit.
– Qu'est-ce que tu m'as dit ?

C'est sûr qu'elle est pas carrée toujours...
– Non, mais ronde, certainement pas ! Ah non !

Dans les bois tout est en bois.
– Presque tout.
– Oui, pas tout, presque tout.

Elle est molle...

Le sommet de la Terre, c'est l'Himalaya, et les mecs sont à Rio... je te jure...

T'as mis du parfum, toi ?
– Moi ? Non.
– Tu sens le parfum.
– J'ai dû m'approcher d'un porteur.

Y a des coups de pied au cul qui se perdent !

L'Europe je suis pour, mais faut pas y mettre les petits pays de merde, faut que nous et des grands pays... la Grèce, tu parles ! En plus c'est pas en Europe, faut l'avion pour y aller !

Ils planquent des serpents ou des tortues dans le double fond des camions, comment veux-tu stopper le trafic ? C'est impossible, d'autant que des fois ils mettent de la drogue dans les serpents !
– En plus ?
– En plus.

Bientôt on aura la Chine dans l'Europe...

Si on les laisse faire...

C'est des réseaux professionnels, pas semi-professionnels, professionnels.

Les émissions de variétés, les chansons passe encore, mais quand ils bougent alors !

Ils vont mettre des préservatifs dans les lycées ! Ah la la ! Vous allez voir les notes, mais vous allez voir les notes !

La violence, c'est la question centrale de la civilisation... si tu enlèves la violence...
– On va se faire chier.
– J'aime pas parler avec toi.

Tout le monde pollue, tiens, les écureuils, même eux des fois c'est dégueulasse dans l'arbre...

Vous êtes une bande de chiens malades !

Ça pue la merde dans tes chiottes, dis donc !
– Ça prouve qu'elles sont en bonne santé...

T'as qu'à voir...

Il a perdu la clef de son placard, du coup il a fallu qu'il rentre chez lui en uniforme...

Est-ce que vous connaissez le mouvement de défense de la bicyclette ?
– ... où y va, lui ?...

De nuit ?

Le plus important, c'est d'être un contre-pouvoir.
– A quoi ?
– Au pouvoir !
– De ?
– Oh ! Tu me prends la tête là, toi !

A Tokyo t'as des distributeurs d'oxygène dans les rues, si t'as pas de monnaie t'es mort, mon pote !

Tu bois de la mirabelle ?
– Oui, je savais pas quoi d'autre...

Te prends pas la tête comme ça...
– Oui mais euh bon... tu comprends ce que je veux dire ?
– Mais oui... mais oui...

Les fraises en hiver, c'est con... c'est pas la saison...
– Et alors ? On bouffe bien des glaces en été !

C'est des tigres mangeurs d'hommes, ces tigres-là, au Bengale tout le monde se trimbale avec des cornichons dans les poches.

Là ?
– 4.
– Et là ?
– 3.
– Et là ?
– 2.
– Et là ?
– 0.
– Eh ben t'as une très bonne vue.

C'est une star ici, ce mec, il conduit un car Suzanne.

Alors ?
– Heu... un demi pour le Shadock et un panach pour le Gibi.

Café bouillu,
café foutu !

Deux épluchures de pommes de terre qui se croisent, dessus tu poses une carotte nouvelle, ça fait le Christ du potager...

En gare de Melun, y a deux minutes d'arrêt mais ça suffit pour descendre à Melun...

Qu'il est con,
mais qu'il est con !

Toute cette pluie, ça fait éclater mes cerises...
– Ah la la la la...

Moldave, ça fait penser à betterave, je sais c'est con mais c'est comme ça, Moldave, betterave...

Y'a des trucs
plus cons, va...

Et les prunes.
– Mais non pas les prunes ! Qu'il est con, çui-là ! En plus tu paies et tu t'en vas, on t'a assez vu !
– Beu...
– Tu nous fais chier ! Tu piges ?
– Beu...

C'est la goutte qui fait déborder le vase... depuis le temps que je veux le virer, celui-là...

Pour le vin d'honneur, y aura jamais assez.
– Ça dépend combien vous avez invité de monde, c'est pareil...

On a fait des photos du gâteau à étages, vous savez, les gâteaux à étages...

Le Maire était bourré !

Vin d'honneur, ça veut rien dire, comment les gens y vont savoir qu'on mange après ? Qu'y faut pas partir.

Le problème, c'est le retour.

Surtout la nuit.

Et le marié ?! Vous auriez vu le marié ! Une honte !

Vous le saviez ça, qu'on trouve encore dans la jungle des espèces d'insectes inconnues jusqu'à nos jours ?
– C'est bien nous, ça, on fait disparaître les baleines et on va dans la jungle chercher des nouvelles mouches !

Ah oui, c'est bien nous...

Comme je ne veux plus de moineaux sur mes fenêtres, je mets des clous.
– Il y en a trop... d'ailleurs vous savez comment on les appelle, les moineaux, par chez nous ? Des ministres !

Quelle époque on vit...
– Oh vous savez, les dinosaures disaient pareil.

Bloquer Eurodisney avec des camions, je vois pas pourquoi tout d'un coup ils s'en prennent aux enfants.
– Mais non, c'est juste pour faire chier...
– Les enfants ?
– Mais non pas les enfants, en gé-né-ral !

Mickey y s'en branle, si c'est bloqué longtemps, y bouffera les oreilles des gosses !

Après le spectacle du cirque, c'est le magicien qui va aux toilettes en premier, après les acrobates, après les clowns, etc.

Mon pied, bordel !

On devrait installer les paysans sur la Lune, ça ferait des champs qu'on verrait d'ici.

Pardon messieurs et mesdames, j'ai une femme et des enfants, depuis un an je suis au chômage et ...

– nous aussi !

Putain, j'avais une de ces soifs !

Les espèces qui disparaissent, elles disparaissent où ?

C'est la hiérarchie du cirque, comme on l'appelle...
– Je savais pas.

Tu le veux, mon kir, je bois plus.
– Tu bois plus ?!
– Non, j'ai arrêté de boire.
– On n'arrête pas de boire avant un kir !

Il est fou, lui...

Il est courageux quand même... il y va en voiture...
– Pfu, si tu crois que c'est lui qui conduit !

Si Mitterrand se fait tuer à Sarajevo, ça va être encore la guerre de 14...

Y a deux morts par jour.
– Comme en France...
– Moins qu'en France !

Une guerre où t'as trois morts c'est pas une guerre, c'est un empoisonnement par les champignons.

Il est quand même courageux, notre président.
– Oh, faut pas exagérer, il y est quand même pas allé à pied !

Il est resté deux heures à Sarajevo, tu parles d'un exploit !

Il a bouffé, il est reparti.

Juste pour la photo...

On copie tout sur la nature, l'avion c'est l'oiseau, le sous-marin c'est le poisson, le camion c'est l'éléphant...

Ils passent avec un hélicoptère au-dessus des cerises pour les faire sécher avant de les cueillir !
– Ça va faire monter le prix de la cerise ça, leur hélicoptère...

Si tu pêches la sardine depuis un sous-marin, le prix suit aussi, forcément...

A la fin de leur vie, les hommes préhistoriques étaient des vieux cons, y trouvaient que c'était mieux avant !

C'était mieux avant...

Tu chies au milieu du désert, si tu marches dedans c'est que t'as tourné en rond, c'est les Touaregs qui font ça quand ils sont perdus...

Il est beau, le désert !

Tu viens ?
– Non, je finis.
– Une heure pour boire un demi, çui-là !

On a mangé des pâtes.
– Oui...
– Oui quoi, mon con ? Qu'est-ce qu'elles étaient bonnes !
– Quoi ?
– Toi dégage, t'es bourré !

Comme pour les automobilistes, moi aux chefs d'Etat je leur foutrais le pouvoir à points ! Une connerie, un point de moins, six conneries, plus de pouvoir !

En deux mois t'aurais plus personne au pouvoir...

Des fois le courage, c'est de rester chez soi !

Bien sûr !

Moi je refuse la facilité...
– Moi pareil.

C'est pas très normal de faire pousser des trucs par terre.
– Et de fabriquer des voitures, tu trouves ça normal ? !
– Non ! D'ailleurs les paysans en ont, des voitures ! Ils sont pas normaux DEUX FOIS!

Y vend des télés, mais pour l'image dedans c'est pas lui qui s'en occupe...

Ben évidemment...

Evidemment quoi ?

Ton stylo fuit !
– M'en fous, j'ai rien à écrire.
– Ben alors fous-le en l'air !
– Ho ! C'est pas ton stylo !

On n'est pas bien, là?

Avec les toutes petites clefs de maintenant, un mec qui tremble peut plus rentrer chez lui.
– Les vieux.
– Les jeunes aussi, tout le monde.

Ça sert à rien ! Tu crois que Jésus il l'avait, le bac !?
– C'était à une autre époque...
– Et alors ?Il a pas ressuscité pour venir le passer, à ce qu'on sache !

C'est un argument de merde...

Ça passe pas vite, aujourd'hui...

Tous les docteurs qui ont fait le sang contaminé, moi je les fous pas en prison, je les inocule et je les envoie se balader ! Et qu'ils aient mal avec la piqûre !
– Dans l'épaule faut la faire, c'est là que ça fait le plus mal.
– Dans l'œil oui !

Ah non, pas dans l'œil, quelle horreur...

Mais les écoutez pas, madame, y feraient pas de mal à une mouche...

Bon, pas dans l'œil.
– Dans l'épaule comme j'avais dit...

Tapie, c'est un délinquant en col blanc !
– Un peu de prison, ça va lui calmer son col à çui-là ! Ça sera un taulard avec un col sale, comme tout le monde.

Tu poses la truffe sur le bord de la route, tous les camions qui passent t'envoient l'odeur de la truffe vers toi...

Ça fait combien de temps que tu es au chômage ?
– Je sais plus.

Ah ?

Y a pas que la merde qui pue, une fois, une fraise, une belle fraise comme ça, qui puait...

Je rêve ou c'est Moustique qui revient ?!

Je travaille dans les bureaux.
– Ah bon ? C'est où ?

Moi les cons, je leur dis même pas bonjour !

Bonjour.
– Salut.

J'en ai marre.

Même si t'es enterré plus profond que le centre de la Terre, les asticots sont là ! Mais d'où y viennent, les salauds ?!

De toute façon, on va tous crever !
– Parle pour toi.

J'ai envie de partir et de faire le tour du monde.
– Bois ton verre déjà.

Les nids des oiseaux c'est pareil, chacun pour sa gueule.

J'ai envie de chialer.
– Eh ben chiale.

Et nous fais plus chier.

Va te faire enculer !

Toi d'abord !

La patronne est descendue pour le remplacer, lui il est monté pour faire sa sieste, à peine il était là-haut le chien est descendu derrière le bar, après quand le patron est redescendu, j'ai vu, il avait le dos plein de poils de chien...
– Il a viré le chien du fauteuil pour faire sa sieste...
– C'est ça... c'est ça... il a viré le chien qui faisait la sieste pour faire la sienne...
– C'est un ballet.

Tu crois pas que tu pousses le bouchon un peu loin ?!
– Je vous dis que j'y étais à l'atelier, hier, derrière...

Il est tombé cinq centimètres d'eau en une heure ! Tu posais ton verre, en une heure il était plein !
– Putain, faut pas être pressé...

Je vous jure que c'est vrai, j'étais au boulot hier !
– Fais attention, mon petit Roger, tu files un mauvais coton...
– Je vous jure ! Même je me rappelle, j'ai fait tomber un marteau.

Y'a pas de bulles dans ma bière !
– Faites voir ?
– ...
– ?
– !
– ?
– ?
– Ah oui, en effet...
– Pourquoi vous avez mis le doigt dedans ?
– Des fois ça déclenche la bulle...
– Et là ?
– Rien, mais je vais vous la changer...
– Aaaaaaaaaah...

J'ai pas peur de la mort, mais c'est la pourriture que j'aime pas, surtout l'odeur, moi qui mets tout le temps de l'eau de toilette, je suis affolé...

Le casse-couilles que c'est, çui-là...

Il a perdu sa boucherie au casino.
– C'est du baratin ! Tu joues pas les boucheries au casino ! Tu parles, celui d'en face qui gagne ça ! T'imagines Omar Shariff avec une boucherie ?

Je ne vous dérange pas ?
– Vous ne me dérangez jamais, monsieur Leduc.
– Le Duc...
– Oui, monsieur LE... DUC.

Remarquez, c'est normal...

C'est de la pisse d'âne.
– C'est ce qu'on dit.

Le pont suspendu, il est pas suspendu partout évidemment, sur les bouts il est sur la terre, sur une rive et sur l'autre rive, avec des grosses piles pleines de clochards qui se font chauffer des gamelles, on te présente le pont comme un oiseau, menteur, il est suspendu au milieu, comme les autres ponts qui sont pas appelés des ponts suspendus, suspendu c'est un mot pour faire croire que l'architecte il est plus fort que tout le monde, le pont suspendu d'Alforville, moi je l'appelle le pont d'Alforville, et même si l'architecte est devant moi, je dis le pont d'Alforville, et pas le pont suspendu d'Alforville, sinon, à ce compte-là, la tour Montparnasse elle aussi c'est la tour suspendue, elle a un côté qui touche par terre, et encore, à la limite, elle est plus suspendue que le pont puisqu'elle a un côté dans le ciel, c'est carrément plus suspendu que le pont, t'imagines le pont d'Alforville avec un bout sur la berge et l'autre bout dans le ciel, c'est même plus le pont suspendu, c'est le pont qui vole, le pont qui vole, alors qu'ils le refassent avec un bout dans le ciel, et là on l'appellera suspendu volant, mais jusque-là, moi je dis c'est un pont de merde, il est suspendu comme moi je suis... euh... grec.

Il est grec, lui ?
– Non. Il a pas une tronche de Grec en tout cas.
– C'est ce qu'il a dit.
– Ah...

Tout le monde travaille sur ordinateur maintenant, sauf le midi, le midi tout le monde va manger.

Tu as environ mille sortes de roses, eh bien toutes sentent la rose...

Pourquoi on bague pas les libérés de prison ?

Une connerie, un point en moins, deux conneries, deux points en moins !
– C'est même plus la peine de prendre la voiture.

Quand plus personne aura le permis, il faudra bien que les autorités fassent marche arrière...

On peut mettre des millions d'informations dans la mémoire, ça reste sur la disquette...
– La disquette ?
– Oui, la disquette.
– On met des millions d'informations sur une disquette ?
– Oui.
– Des millions d'informations, déjà je vois pas à quoi ça sert.

Des fois t'entends une information et ça te suffit.

Mais oui !

Tu t'es fait engueuler par ta femme ?
– Messieurs, je ne ferai aucun commentaire !

Les cons je les sens, moi !
– ...

T'es en short ?!
– Ben oui je suis en short... t'as vu le temps ?

J'ai pas mes papiers dans mon short mais j'habite à côté.

Les animaux sont toujours contents d'avoir des petits, il n'y a que l'homme que ça fait chier d'avoir des gosses...

2 et 2 ?
– 4 !
– 4 et 4 ?
– 8 !
– 8 et 8 ?
– 16 !
– 16 et 16 ?
– 32 !
– 32 et 32 ?
– 64 !
– 64 et 64 ?
– 128 !
– 128 et 128 ?
– 256 ! Alors tu vois, que je peux conduire.

Ils nous foutent le permis à points juste avant les vacances, ces fumiers, on va conduire tout crispés, ça sera pas du repos !

Si on le fait pour nous, pourquoi on le fait pas pour les pilotes d'avion, le permis à points ? Nous on grille un stop, eux ils écrasent des avions !

Le fils de Mitterrand tient une auto-école, il paraît que c'est pour ça.

Vous avez vu les images du président assassiné ?

Si vous retirez le paysage, qu'est-ce qui reste de la campagne ? Le boucher qui passe en camionnette, c'est tout...

Range ton flingue.

Je vais te foutre une bastos dans la gueule, toi !
– Fais pas le con ! Tu me connais même pas.

On voit de ces ostrogoths, des fois...

Il a tiré dans le plafond !
– Ça lui arrive.

Vous auriez l'heure, s'il vous plaît ?
– Six heures moins le quart...
– De quelle heure ?
– Quoi ?
– Moins le quart...
– Ah pardon, de sept heures...
– Sept heures moins le quart ? Déjà ?
– Qu'est-ce que j'ai dit ?
– Moins le quart de sept heures.
– Non, non, c'est cinq heures moins le quart qu'il est !
– Vous vous moquez de moi ?
– Midi il est.
– C'est malin.
– J'aime pas les mecs qui demandent l'heure... y a plus que des pédés dans ce quartier...

Ils s'enfoncent les montres dans le cul, résultat, y z'ont jamais l'heure !

Commence pas à foutre ta merde, toi...
– Moi ?

Moi ? Moi ?

Dire qu'il suffirait de ranger les clefs dans le cul du chien pour pas les perdre...

Le bleu parfait n'existe pas dans la nature, c'est toujours du bleu avec des nuages ou du bleu avec un bateau dessus...

Page un du journal, le drame paysan, page deux, attention aux féculents. Il a raison...

Ils pratiquent des activités d'éveil...
– Pfu... mettre son réveil, c'est pas une activité !

Tous ces vieux assis par terre dans le couloir de l'hospice, personne ne bougeait, contre le mur marron, ça faisait comme une fouille archéologique.

Il a compris de travers.
– Non, pas lui... lui, il comprend toujours droit.

Je suis monté dans la loco.
– Putain, t'as du pot.

Et si les paysans disparaissent, comment on se nourrira ? Hein ? Comment ?
– Ça c'est pas le problème ! Je sais pas si vous avez remarqué, moins y a de paysans en France, et plus le Français grossit ! Alors...

Hallyday et Mitterrand ont le même âge...
– Non ?
– Si, ils sont nés la même année, et je sais pas si tu vois la différence de forme...

Je sais pas si ça vous fait ça, mais moi ça me fait péter.

Pète pas, tu donnes une mauvaise image de la France.
– Je m'en branle, c'est des Hollandais !

Ils sont tous les deux nés dans les années soixante... je recompte pas mais c'est ça...

On se tue à la montagne, on se noie en mer, on se fait chier à la campagne, on dirait que c'est le patronat qui invente la géographie pour qu'on soit content d'aller au boulot !

C'est pas une solution de bloquer les routes, les routes elles y sont pour rien...

C'est comme l'eau qui bloque le tuyau contre la sécheresse...
– Mais non qu'il est con, lui, ça a rien à voir !

Moi y m'en faut plus, même les moustiques géants tiens, ça me fait rien à côté de mon patron !

Moi j'aurais un camion, c'est pas la route que je bloquerais, c'est la sortie d'ici !

Bloquer la France avec quelques camions, c'est là qu'on voit qu'on a des routes pas larges !

Qu'il est con...

Coincés douze heures dans le train en pleine campagne ! Pourquoi qu'y descendent pas et qu'y se tirent pas, les cons ?! Y se croient au bureau ?

Les mecs bouffent ce qu'ils ont dans les camions, tu parles, y peuvent tenir cent ans !
– C'est le mec qui transporte des ceintures qui fait la gueule...

Je voudrais bien savoir combien il a de points le chauffeur à Mitterrand tiens, ça je voudrais bien savoir !

Moi... tiens, je préfère me taire...

Moi je conduis sans permis, alors leurs points à la con !

La peine de mort empêche pas le mec de tuer, alors c'est pas le permis à points qui va l'empêcher, excuse mais non...

Pas moyen de trouver de l'essence à cause des routiers qui bloquent tout !
– Moi je serais le gouvernement, je supprimerais le permis à points, si j'étais lui, mais je suis pas lui.

Tout un pays paralysé ! Même les trains bloqués par des tracteurs sur la voie ! D'ailleurs, on se demande pourquoi les trains qui déportaient les juifs pendant la guerre étaient pas paralysés comme ça... enfin moi je dis ça... je constate, c'est tout... pour sauver le prix des tomates... alors que pour sauver des gens... je sais, je sais, je radote, je me tais !

Quoi, le permis à points ?! Quoi, le permis à points ?!
Et ta connerie,
elle est à points ?!

C'est ses cornes à la vache qui lui attirent la foudre !

Je le sais, j'ai lu un dépliant là-dessus...

Il habite au-dessus du magasin de farces et attrapes, comme l'immeuble est vétuste ils vont le reloger, il veut bien mais à condition que ça soit au-dessus d'un autre magasin de farces et attrapes.
– Ça va pas être facile.
– C'est ce que je lui dis !

Tu peux me rapprocher les verres ?

Qui c'est qui vient à la braderie ?

Plus ça va, moins y a de Français dans le tour de France !

Magouille...

C'est arrangé à l'avance, le gars pédale pour quelque chose, si tu crois qu'il pédalait pour arriver dernier ! C'est pour le maillot jaune !
– C'est normal.
– C'est arrangé à l'avance, c'est ça que j'explique, le mec arrive premier, on lui donne le maillot jaune.
– Et alors ? C'est normal !
– Tu me comprends pas...

Ils les font à Barcelone, les J.O., pour une seule raison, tu veux savoir laquelle ? Y a plus d'oxygène et du coup les gars courent plus vite... si monsieur !

A l'heure de la sieste tout s'arrête, J.O. ou pas J.O. !

Pédaler comme ça des heures, des heures, sans rien faire d'autre, moi je m'endormirais, ah moi faut que je m'occupe les mains, sinon...

Le maillot jaune, tu payes, tu l'as...

Pourquoi il n'y a pas de tour de France en Martinique, c'est la France aussi !

Les vélos sont allégés au maximum, bientôt on mettra même plus les mecs dessus...

C'est plus des vélos qu'ils ont, les gars, c'est des bombes !

Y a que du sport à la télé ! Et si on n'aime pas ça, comment on fait ?

Avec toutes nos conneries on va bien finir par faire disparaître l'homme de la planète, et quand l'homme aura disparu y restera rien, ça sera le désert, plus de chiens, plus de lapins, plus d'éléphants, plus de mouettes, y restera peut-être que des insectes, si, même c'est sûr, des insectes il en restera plein, des moustiques et des mouches, plein de mouches, des mouches à merde qui resteront comme ça, à voler partout, à chercher, chercher, chercher, et peut-être qu'un jour, après des milliards d'années à chercher, au détour d'un chemin, elles tomberont sur une merde d'homme et elles en croiront pas leurs yeux de mouches à merde, le bonheur sera revenu sur la Terre...

Deux ans d'âge mental...

Va savoir...

Fais pas le con, bordel, t'as de la Danette partout...

Pourquoi ne fait-on pas de confiture de pommes ?

Non merci, je ne fume plus, j'ai trop peur du cancer.
– Vous avez tort, le cancer c'est comme les abeilles, faut l'enfumer !

Un casse-croûte au jambon et un petit sac, c'est pour manger à la maison.

Je vous préviens, ce comptoir est omnibus jusqu'à ce soir !
– On monte...

Une tomate, un perroquet, un tango panach, un monaco et un indien !

Combien de puces sont séropositives en Afrique ? Combien ?

Putain, tout le monde parle boulot, aujourd'hui...

C'est Guy Lux qui fait les trois quarts de la télé...

Si je lisais tout ce que je reçois comme dépliants dans ma boîte aux lettres, je saurais tout !
– Moi je les jette.
– Les encyclopédies, les pays du monde, les foies gras...
– Moi je les jette.
– Et même des livres du club de lecture.
– Moi je les jette.

A midi je suis parti, moi...

Kouchner, il était garagiste avant d'être docteur.

C'est quand même plus tranquille d'être gardien de musée, la Joconde risque pas de monter sur le toit !

... Ou de mettre le feu dans sa cellule...

Gardien de prison pendant trente ans, ça fait trente ans de prison...

L'avenir c'est la voiture électrique, c'est vrai, mais le problème c'est les accidents, avec ces voitures-là, un carambolage sous la pluie et tout le monde s'électrocute...

Tu t'endors ?

Kouchner, je suis sûr qu'il ne sait même pas mettre un suppositoire.

A la montagne l'air est plus propre, on n'a pas de crottes dans le nez.

... On a loué en Vendée...

C'est pas trop plat, la Vendée ?
– Non non, là où on loue, devant la maison ça monte, et derrière la maison ça descend...
– Aaaaaaaaah...

... bien...

A midi je suis parti, moi...

Moi je change pas, je fais comme tous les ans, j'attends que les cons soient partis, je pars après...

Des embouteillages jusqu'à Auxerre !

On ne mange aucun animal qui chie de la merde, la vache c'est de la bouse, le cheval c'est du crottin, la poule c'est de la fiente !
– Encore heureux...

En Bretagne, tu bronzes pas bien parce que le vent refroidit les rayons, et même des fois ça souffle, les rayons s'écartent et t'en as pas sur toi...

Les dominos font moins de bruit dans les cafés en province qu'à Paris.

T'en trouves plus des frais, de communistes, t'en trouves plus que des tout secs par terre !

Il habite juste au-dessus de Bébert-Bois.
– Je connais.

Il ne ferme jamais le loquet des cabinets...

O.K., ça baigne.

Mitterrand laissera une trace dans l'histoire, comme les escargots...

Elle manque, la Cinq finalement, ça ferait une connerie de plus quand on sait pas quelle merde regarder...

Et le mien, il est où ?

Je lui ai fait tomber sa collection de cailloux, il s'est mis à pleurer ! Mais qu'est-ce qu'il croit ? Que les cailloux ça vit dans les arbres ?

C'est des algues qui font du bien à la peau, les crabes c'est pas la peine de te laver avec...

L'avantage de la guerre en Europe, c'est que les journalistes peuvent rentrer chez eux le soir.

Dans les villes nouvelles, t'as pas de cimetière, et tout de suite la ville en devient un...

Ils suppriment toutes les frontières, bon, mais qu'est-ce qu'on va en foutre ? Des gros tas au bord des chemins que les cantonniers feront brûler ?

Y a des jours comme ça...
– Comme quoi ?
– Comme ça...

C'est rapide, avec l'hélicoptère, tu rentres du boulot, tu peux te poser dans ton jardin.
– Non, j'ai des fleurs.

Les animaux voient en noir et blanc, du coup ça leur fait pas cher de redevance !

Le pire, c'est une carie sur les dents de devant.
– C'est sûr, derrière on voit pas.
– Derrière, la lumière y va jamais.

Les molaires du fond, c'est la Bretagne l'hiver.

Je ressemble à personne !
– Sur terre c'est impossible...

Les truands tu les laisses en liberté, mais sauf que tu leur mets du grillage autour de la tête, ça économise les prisons, et au fond, c'est la même chose.

Dans le pire des cas, tu seras viré mais c'est tout.

Moi je le comprends, le charabia, tu peux m'en dire si tu veux...

Les vraies plantes d'appartement sortent du pot pour descendre la poubelle, les vraies je te parle, les vraies de vraies !

Le congelé tue les microbes dans la viande, au minimum, ça les fait sortir du frigo pour se réchauffer...

T'as neuf chances
sur dix de te faire
chier à l'Opéra.

C'est des pays de vent, et ça souffle, et ça souffle, vous sortez vous êtes pris dans des bourrasques glacées, vous partez plié en deux pour ne pas vous envoler, y a pas d'arbres, y a rien que du petit maquis tout ras, c'est plat jusqu'à l'horizon, c'est d'une monotonie, vous verriez quand il pleut sur la lande, et que le brouillard cache un peu les maisons, vous verriez ça, mais il faut y aller pour le voir, il n'existe pas de photos de l'endroit, les appareils ne sont pas assez sophistiqués pour prendre des images, sur les appareils vous avez un petit bouton soleil ou nuage, vous le mettez sur soleil l'été et sur nuage l'hiver, mais faudrait un bouton avec un arbre mort et une corde de pendu ! Eh bien dans ce coin-là, figurez-vous, le café ne désemplit pas ! Y a des affaires à faire, là-bas quand on est jeune...

Au Canada ?

En Corrèze.

Comment vous la faites, la vinaigrette ?
– Pour moi ou pour Jean-Claude ?
– Pour vous.
– Du sel, du poivre, de la moutarde, de l'huile, du vinaigre, de l'échalote, de tout !
– Et pour Jean-Claude ?
– Un peu de sel, de poivre, un peu de vinaigre et c'est tout.
– Eh ben vous me croirez pas, je la mange comme Jean-Claude !

J'arrive pas à le croire, il est immense, ce bistrot !
– T'es jamais venu ?

L'air du temps...
– Eh ben ?
– T'as jamais entendu cette expression ?
– L'air du temps ?
– Oui, l'air du temps...
– J'ai dû l'entendre mais moi, les expressions, en général j'écoute pas.

A l'armée, on fait son lit tous les matins !
– Et le soir on se couche dedans !
– Exactement !

Des embouteillages ! Jamais vu ça ! Même l'air entre les voitures bougeait plus !

S'il est aussi fort que ça, le pape, sa tumeur il a qu'à se la transformer en sardine !

On aurait des embouteillages dans les veines, le vendredi soir le sang mettrait deux heures à sortir du cœur !

... pour descendre dans les pieds, faut la journée...

... et pour remonter dans le cœur le dimanche soir, j'en parle même pas !

Dorothée est un mec, c'est pour ça qu'elle a pas d'enfants, d'ailleurs elle a pas de nichons...

Je m'en fous du sport, je suis pas sportif, le seul truc bien, dans les Jeux Olympiques, c'est que ça fait de la télévision tard.

C'est bien, les J.O., mais question organisation, tu m'excuseras, ça vaut pas Intervilles.

A partir de quarante ans, elle risque d'avoir un mongolien, mais au fond c'est mieux que rien.
– Si à quarante ans t'as encore rien, c'est sûr qu'un mongolien, t'es contente...

J'ai trente ans et je mange à la cantine...

Chez IBM, le menu de la cantine est fait par ordinateur.
– Et c'est bon ?
– Oui, c'est varié.

C'est souvent dans les petits magasins qu'on achète des grosses choses et dans les gros magasins qu'on achète les petites choses, tu remarqueras.

L'avantage de visiter le désert, c'est que t'as pas besoin d'apprendre la langue.

Ils se croient sportifs, et pour dire Jeux Olympiques ils sont déjà fatigués, ils disent J.O.! Moi, J.O., je sais pas ce que ça veut dire, c'est du charabia pour moi... alors la mort d'Arletty, on n'a qu'à dire M.A. pendant qu'on y est !

Je veux bien parler avec un cosmonaute, mais je sais pas quoi dire...

J'ai toujours habité la banlieue, au fond, j'aurai passé toute ma vie dans le gras du jambon.

Il existe un musée pour tout, pourquoi il existerait pas un musée du tire-bouchon ?
– Ça se saurait.

Tous ces pays à l'Est, c'est intéressant pour un gars qui fait la collection des drapeaux...

On l'appelle le Scorpion parce qu'il transporte des aiguillons dans sa camionnette.

Je vois encore des traces sur les carreaux !
– Et mon canon ?
– Après !

Le vent qui fait bouger une photo, ça fait pas du cinéma pour autant...

Pour qu'un poisson rouge soit bien, il lui faut minimum un deux-litres, cuisine salle de bains, évidemment, s'il est marié, faut un trois-litres...
– Et la télé aussi, pendant que tu y es !
– La télé, c'est nous.

Vous direz bonjour au charcutier de ma part...
– Je n'y manquerai pas !
– Et surtout vous lui dites que je m'excuse de plus aller chez lui, mais la charcuterie, il ne m'en faut plus.
– Oh vous savez, il comprendra...
– Je sais, il est très intelligent ce charcutier.
– C'est mal fait, la vie, le marchand de légumes du coin, vous le connaissez, eh bien lui je ne l'aime pas mais comme des légumes il m'en faut, j'y vais !
– Oui comme vous dites, c'est mal fichu... on ne choisit pas toujours...
– Eh non, on ne choisit pas...
– Allez, faut que j'y aille...
– Au revoir, monsieur Jean... qu'est-ce qu'il est gentil ce monsieur Jean... dommage qu'il ne vende pas des légumes...

Des fois, je me demande ce que je fous là...

Les jeunes se mariaient plus, et maintenant les jeunes se remarient !
– Les jeunes savent pas ce qu'ils veulent.

Aucun monument résiste au temps, si tu tardes trop à visiter ça finit par s'écrouler.

De qui tu parles ?
– Montgomery Cliff.
– Ah... j'ai pas suivi alors...

Je connais pas beaucoup de dates de l'histoire de France, mais des dates de l'histoire du Congo, alors là zéro !

Tu bois quelque chose ?
– Je vais pas boire quelqu'un !

J'aime pas partir, on me paierait des vacances sur le soleil que j'irais pas !

La débilité veut pas dire la connerie, y'a des débiles très intelligents, si, j'en connais...
– Mais jamais tu rentres chez toi...

Il est fatigant...

Pas assez de liberté et tout le monde râle...
– Oui, mais trop et c'est le bordel...
– La liberté, il en faut juste assez.

Ni trop ni trop peu, comme disait ma grand-mère...

Je regarde n'importe quoi à la télé, comme quand je regarde ailleurs, je choisis pas.

Quand je rentre chez moi à pied, je regarde que mon côté du trottoir.
– Et pourquoi ?
– L'autre m'intéresse pas.
– Et pourquoi ?
– C'est pas le trottoir de chez moi.

Je suis électricien, tout le temps les mains dans le courant, la lumière j'en ramène à la maison sous les ongles ! Voyez...

L'armée qui marche à pied est démodée, d'ailleurs pendant les guerres, en deux minutes elle n'a plus de pieds !

Si le cuir est vraiment de très bonne qualité, on met le canapé dans un pré et les vaches le prennent pour une autre vache.

Camper, ça nous rapproche de la nature.
– Est-ce qu'il y a des douches ?

Le mec qui raye ma bagnole, je le tue...

... alors imagine le mec qui me la cabosse !

Elle est enceinte à soixante-deux ans, le gosse va naître, il aura déjà quinze ans...

Quand t'es vieux, le ventre est vieux, le gosse va prendre des briques sur la gueule !

Si t'as un gosse à soixante-deux ans, quand il a vingt ans toi t'en as quatre-vingt-deux ! Quand il en a cent t'en as cent soixante-deux !

C'est trop.

Tu fermes pour les vacances ?
– Non.
– Aaaaaaaaah... parce que moi je pars pas.

Si l'hélice est tordue, personne rachètera l'hélicoptère, personne, ça coûte trop cher à détordre.

J'aime pas me retrouver au milieu des touristes, mais c'est quand même le meilleur moyen pour se retrouver dans un coin touristique !

Je sais pas si ton Amazonie c'est le poumon de la Terre, mais moi je préfère mon Luxembourg, c'est le cœur de Paris !

J'irais bien sur une île, mais des îles, y en a plus.

Quand on voit tout le pognon qui se dépense pour leur défilé du 14 juillet...
– Eh ben ?
– Eh ben on est cons de pas défiler, nous...

Elle lit l'avenir dans le marc de café.
– Celle qui est garée sur la place ? Je la connais, c'est une bidon ! D'abord, c'est pas du café, c'est du Nescafé.

Si t'es bien dans
ta caravane, t'as pas
besoin de voiture.

Un bateau c'est bien,
mais c'est l'entretien qui
est cher.

... et puis faut savoir
en faire aussi, sinon c'est
pas la peine.

... C'est comme le vélo...

... Si tu sais pas en
faire...

*C'est pas la peine
d'en avoir un !
– J'allais le dire.*

Une paire de chaussures
neuves et j'ai l'impression
que j'habite un beau quartier.

Y t'en faut pas
beaucoup...

... les baleines
sont la mémoire
de la Terre, mais
bon, c'est à
vérifier aussi...

J'ai toujours bu
mon apéritif avec
une paille, comme
les papillons.

Les Indiens
savaient pas
boire...

Un ballon, un
téléphone, et un
ballon pour quand
je reviens !

*Tu pars demain ?
Mais t'es fou ! T'as
vu les barrages sur
les routes !
– Je m'en fous, des
barrages ! C'est pas
les barrages sur les
rivières qui vont
empêcher l'eau de
source de partir !*

Toi ?! De l'eau de source ?!

Une voiture, c'est fait pour rouler, sinon les pneus tu peux les donner à l'abbé Pierre...

Toutes les peintures de Lascaux sont abîmées à cause des visiteurs, des milliers par jour !
– Moi, à la maison, quand j'ai cinq personnes, faut voir déjà la moquette !

J'avais chargé la voiture la veille au soir pour ne pas être en retard et ne pas se faire chier à charger les valises au matin, résultat on a gagné une heure... si... une heure...

Moi la merde, je me dis, on en chie d'accord, mais faut pas non plus en tirer soit une fierté personnelle, soit de la honte qui n'est pas à sa place, fallait y penser avant d'aller chier, à la honte... de toute façon tout est comme ça, on a des hontes que vraiment c'est pas la classe, si au moins on avait honte des mathématiques par exemple, mais non, c'est toujours direction le trou du cul la honte, et c'est vraiment une idée que même un gosse il aurait, enfin disons, ça fatigue pas les méninges, la honte du cul...

Marche à pied, Ricard, marche à pied, Ricard...

T'as jamais vu, quand ils tuent le cochon ? Putain t'as raté ! Ils le tuent, il est mort et après, en dix minutes, il est tout découpé, les jambons d'un côté, le boudin, les tripes dans le saladier, les pots de gras, les oreilles dans un coin, la couenne, les côtelettes sur un torchon, les pieds, les rillettes, la tête sur un grand plat, les saucisses, tout le cochon tu peux le manger en quoi, que je dis pas de connerie, deux heures après, tout est bouffable, tu peux tout bouffer, et c'est là que tu te rends compte à quel point le cochon est utile, dans le sens où tu le transformes en manger à la vitesse de quoi, deux heures, il est en train de chier dans la prairie, deux heures après tu l'as dans ton assiette ou dans ton sandwich si tu manges un sandwich, ou entre deux tranches de pain, j'aime pas trop employer des mots anglais, surtout quand on parle d'un phénomène typiquement français comme le cochon, et tu sais la meilleure ? Ils le mangent avec de la confiture, ces trous du cul-là !

Le Pastis, c'est les vacances, le Ricard c'est le boulot...

J'attends qu'à la mairie ils sortent leurs géraniums et je sors les miens.

Aucun animal prend de vacances, sauf des fois on part à la mer avec du pâté.

Les voiliers, les scooters des mers, les planches, les petits bateaux à moteur, les hors-bords, les pédalos, les matelas pneumatiques, quand t'as tout ça qui flotte tu vois plus l'eau, on dirait un magasin d'exposition.

Si j'étais pas né, je ne serais pas là.
– C'est quelqu'un d'autre qui serait là.
– Quelqu'un qui est pas né?!
– T'as pris la place d'un mec qui est pas né, dis donc!

Y a tellement de planches à voile que tu peux organiser un bal sur l'eau.

Moi je me baigne pas... je marche au bord... et même des fois, je marche loin du bord, alors...

Au prix où est l'essence, je vais plus la mettre dans la voiture, je vais la boire.

Avant on partait en Espagne, maintenant on reste en Europe, pour partir faudra sortir de l'Europe maintenant !
– C'est pas gratuit.
– Eh oui, ça va être plus cher de partir...
– Ceux qui ont pas de sous partiront pas.
– Ils resteront en Europe comme des cons !

A chaque fois, on est baisés...

Où tu veux aller ?! C'est partout pareil ! Pour voir du nouveau, va falloir passer des vacances dans le feu !

Je sais pas ce que Mitterrand a dit aux cosmonautes, mais en tout cas les mecs sont rentrés tout de suite !
– Ah bon ?! Ça a bardé?

Tu vas dans le XVIe, le comptoir est vide, tout le monde est assis !
– Pfu !
– Ils posent des fleurs dessus, comme sur les pianos.
– Moi j'y vais jamais là-bas à cause de ça.

T'arrives sur une planète au fond de l'univers et on te demande au téléphone ! A ce compte, autant rester ici pas trop loin de la cabine.

Avec les téléphones modernes, l'univers existe plus.

Moi si je tournais autour de la Terre, ça me ferait chier que Mitterrand me parle...

Jules Verne avait tout inventé, le voyage sur la Lune, le tour du monde, le tour de France...

Salaud, tu m'as mis du pain tout mou !

A la mer, tout le monde pisse dans l'eau ! Tout le monde le fait ! A la montagne, chie une fois dans la neige, tu vas voir ce qui va t'arriver...

Cette année, trois millions de chômeurs vont prendre des vacances, et ça personne le dit.

Y a de moins en moins de comptoirs, c'est dû à un ramollissement des os à cause des produits chimiques dans ce qu'on mange, on s'assoit et du coup c'est cher comme à l'hôpital.

En Auvergne t'as pas la mer, mais faut voir la charcuterie !

Vous avez vu que Michel Berger est mort ?
– Noooooon... qui ?! C'est pas possible ! Celui des apéritifs ?

Oh tu sais, la tour Eiffel, le lierre se met dessus et on la voit plus...

Même sans les roues, une caravane te fera penser aux vacances.
– C'est des formes qui sont étudiées.

Tous ces cons
qui font des régimes
pour maigrir, je
les enverrais en Somalie
vite fait !
La France, c'est fait pour
grossir !

J'aime pas le soleil.
– T'as qu'à te foutre à l'ombre.
– A l'ombre c'est plein de fourmis.

Il faut aller au Maroc,
ils vendent des beaux
cuirs là-bas...

Oui, mais y déteignent
sous la pluie...

A l'étranger, faut connaître quelqu'un, sinon pour les prix...
– Qui c'est que vous voulez connaître à l'étranger, vous ?

Tu me prends pour un con ? !
– Non patron, j'ai donné un billet de cent francs.
– Tu m'as donné vingt francs !
– Ah bon ? Pardon, patron, je croyais, patron...
– C'est ça, regarde tes chaussures, ça vaut mieux.

Quand tu pètes ça
me va dans les
poumons, c'est un
peu plus grave que
de la fumée de
cigarette, ça !

J'ai pas la motivation,
sinon j'appelle et demain
je fais de la randonnée
au Québec.

Un chien truffier, c'est toujours con.

Pour boire du froid tu te mouilles la bouche avant, sinon tu t'hydrocutes la langue !

Tu filmes les consommations et le mec peut pas dire qu'il a rien bu puisque tu peux lui passer la cassette... c'est une bonne sécurité quand y a litige...

Et la confiance ?

Tu vas à la pêche et tu attrapes un petit poisson, tu crois que tu le sors de chez lui mais finalement c'est lui qui t'a fait sortir de chez toi...

Si le chien truffier il est pas con, il fait semblant de rien trouver, il revient tout seul le soir et le pognon, il est pour sa gueule...

C'est le café au lait qui fait que... on digère mal... ah si si, vous pouvez demander à qui vous voulez...

Où ?
– A Dax.

Tu sauras jamais ce qu'elle a acheté ! Des robes !

?

Qu'est-ce qui me dit que tu vas revenir ?

Mozart, y te fait la musique d'UAP en deux secondes, lui.

Moi je connais qu'un musicien, c'est Mozart ! Les autres, j'écoute même pas une note !

Des myriades t'en avais, des myriades partout...
– Moi, j'aime pas quand y a trop de monde qui visite les châteaux.

Tu penses trop.
– Moi ? Ça m'étonnerait.

Je regardais la télé, et aux infos y montraient un mec qui s'appelle Toulemonde...
– Y a qu'à la télé que tu vois ça...

Oh tu sais, que t'as du boulot ou que t'en as pas, c'est du pareil au même quand t'as fini la journée et que t'es chez toi à regarder la télé, c'est le même programme pour tout le monde...

Qui tu dis ?
– Toulemonde.
– Qui c'est, ce con-là?

C'est au boulot que la vie change quand tu bosses...

Je veux
mon Epéda !

Faut enlever les chaussures pour entrer dans les mosquées, c'est un dieu qui aime bien les chaussettes, leur dieu...

Une piqûre de guêpe et t'es mort !

La bouse c'est de la merde propre.
– La merde la plus propre, c'est les poissons qui la font.

Réponse à tout.

Il achète une bouteille, il passe à la caisse, il sort et paf il la casse !
– Il l'aurait bue dans le magasin...

L'avantage du trou d'ozone, c'est que ça fait partir l'humidité.
– Gaffe, t'as le chien juste derrière toi...

L'élégance, c'est la politesse du tissu, voilà ce que c'est...

Y z'ont qu'à mettre des doigts de pied dans les cigarettes s'ils veulent pas qu'on fume !

Dans les sarcophages des riches tu trouves plein de bijoux, dans ceux des pauvres tu trouves que des merdes, des bandelettes et du gravier... si t'étais un Egyptien pauvre, cinq mille ans après t'as encore la honte !

Qu'est-ce que tu veux que j'te dise...

On te fout au Louvre, y a plus que le slip !

Même quand il a bu
y se lave les dents, y dit
que c'est important
l'hygiène... c'est un cas,
lui...

De toute façon, il est cramé dans la tête, y chie au lit, ça le réveille, y se lève, y se lave les dents...

Une brochette c'est facile, mais douze !
– C'est la corvée.

T'achètes une bulle
de savon, elle crève,
tu l'as dans le cul, non,
faut acheter du terrain.

Un qui me fait pas rire, c'est Jugnot.
– Il est pas mort, lui ?
– Ah je sais pas.

Les histoires drôles,
ou d'une ça me fait rire,
ou de deux ça me fait pas
rire, mais ça me laisse
jamais indifférent.

De toute façon,
dès que t'as du
pognon, tu deviens
con, et souvent
même t'étais con
avant d'avoir les
sous.

Tu dis ça
pour moi ?!

Tu les entends,
ces cons, y disent
accident d'avion
dramatique, le jour
où y diront super-
accident d'avion,
alors là je dirai, les
infos, les mecs qui
écrivent les textes,
y sont originaux...

Y dirait ça, lui.

Y dit ce qui veut...

Même chose ?
– Même chose.

Patron ! Deux mêmes choses !

Deux mêmes choses ?
– C'est ça, les mêmes choses !
– Deux mêmes choses, c'est parti !

Et voilà ! Deux mêmes choses ! Au moins avec vous c'est pas compliqué !
– Ben non... on boit toujours la même chose...

C'est pas une bijouterie, ici ! Tes montres tu vas les vendre ailleurs !

Des fois la nuit tu vois pas les étoiles, et alors ?! Hein ! T'as pas la lumière chez toi, connard !

Toi, tu vas te faire casser la tête.
– Mais non, je les connais tous, les enculés d'ici.

Un Ricard, ça sera fait !

C'est vrai que vous lisez l'avenir ?
– Je le lisais.

Je me suis lavé la tête, c'est ça qui me donne mauvaise mine...

Les inondations, les grêlons, tout ça ça va, mais les trapézistes l'UAP les prend plus.

L'absurdité du monde ! Vraiment ! Franchement ! Honnêtement... tout de même...

On serait pas là pour pêcher à l'asticot, je sais pas où ils les trouveraient leurs asticots, les poissons.

Pas vrai ?

Y en a qui passent une heure à table et une heure aux chiottes ! Et c'est pas les pires !

C'est pas un demi que tu m'as mis là, c'est une Vizirette !

Quand je sais que je vais rentrer tard, j'enregistre le film.
– C'est vrai que c'est pratique au fond...

– Le maire de la planète, s'il veut y met des poubelles géantes !
– Mais ta gueule, t'es chiqué, toi...

Bon, allez, on se dépêche de boire, aujourd'hui j'ai pas le temps !

T'es encore bourré toi ?
– Parle pas pour rien dire, s'il te plaît !

Quand je t'ai vu ivre mort comme ça, je me suis dit il est allé au café, comme quoi c'est trompeur les apparences.
– J'étais à un anniversaire.

J'ai fait un rêve à la con...
– Je sais pas comment, tu t'es pas couché.

Une Suze-Pastis.
– Moi je te sers ce que tu veux, mais je te préviens, fous pas la merde...
– Moi ?

Moi, je me mets toujours ici, c'est mon coin...

Ah ? Moi c'est
près de la porte
que je préfère...
on voit dehors...

La montagne existerait pas, on serait épatés devant une taupinière.

Moi je dis, tout est relatif.

J'ai oublié toutes les dates.
– Moi c'est la géographie que j'ai oubliée.
– Pour ce que ça sert.

Pour un œuf meurette, ils te demandent vingt-cinq minutes d'attente ! Moi j'adore ça mais j'en prends jamais, j'ai pas la patience... je sais... c'est idiot...

Vingt-cinq minutes, c'est quoi dans la vie d'un homme... une seconde...

Moi j'y vais plus, au Royal, c'est fini, chaque fois que j'y vais je prends une branlée, alors ça va comme ça...

Elle est partie avec la gosse.
– Là, je sais pas quoi te dire.

Tu crois que la pluie elle te lave les vitres, eh ben non mon p'tit bonhomme, elle laisse des traces.

Moi je fais jamais les carreaux, de toute façon je regarde jamais dehors.

Les abeilles, les fleurs !
Les abeilles, les fleurs !
Tu chies dans la ruche faut bien qu'elles s'en occupent aussi !

En boîte de nuit, tu peux pas parler.

Même regarder l'heure ça prend du temps...

Dans la mousse au chocolat, je mets du After Eight !
– Mais je vous ai rien demandé, madame !

Ça sert à rien de laisser la vaisselle pour le lendemain.
– Exactement. C'est ce que je dis à mon mari, c'est pas la nuit qui va la laver.

Le prix du porte-savon doit être en rapport avec la taille du savon, sinon c'est n'importe quoi ! Tu peux te raccrocher à rien.

L'Europe tu parles, t'as vu ce qui se passe en Yougoslavie, t'as vu ce qu'on fait ?!
– Alors là je t'arrête, la Yougoslavie ça nous regarde pas !

Une troisième guerre mondiale, après tout, pourquoi pas ...

Quand tu vois les nazis allemands...
– Les nazis c'est toujours allemand...

Les violences racistes... le jour où tu verras de la non-violence raciste, tu m'appelles !

Celui qui trouve le trésor nazi, il le rend aux nazis et il a droit à la moitié...

Tu te rends compte que la Yougoslavie est à peine à deux heures d'avion d'ici ?

Plus l'Europe sera petite, moins on aura d'emmerdes ! Deux pays riches maxi !

Traité de Rome, traité de Maastricht, pourquoi c'est jamais français un traité, hein ?!

Sans la frontière, comment tu sauras où est la France ?
– Au début, y laisseront les panneaux, je pense...

Vous commencez à me fatiguer avec votre Maastricht là ! A la télé ! A la radio ! Dans le journal !
– Vous êtes contre ?
– Ça regarde personne ce que je suis ! Et surtout pas des Espagnols !

Un y te font l'Europe, et deux y te mettent Napoléon...

Le débat d'hier avec Mitterrand, c'est du arrangé d'avance !
– Je l'ai pas vu...
– T'as rien raté, un moment il est décoiffé, l'autre moment il est recoiffé.
– Mitterrand ?
– Non, Durand... c'est pas du direct, c'est du enregistré...
– Du enregistré ?
– Oui, donc du arrangé.
– Tu vois tout, toi.

Ils expliquent, ils expliquent et ils expliquent le traité comme si on était des débiles !
– Comme si y avait quelque chose à comprendre...
– Ça c'est vrai !

Moi je trouve c'est bien, l'Europe.
– Toi Mohammed on t'a rien demandé !

Moi, si je deviens européen, ça me plaît bien.
– Et t'iras boire ton coup où ?!
– Ici.
– Alors ?

C'est pas parce que tu votes oui qu'y faut boire mon verre !
– Oh pardon !

Hein ?
– Rien, je garde mes opinions pour moi...

Ça sera la monnaie unique pour ceux qu'ont de la monnaie, pour les cons comme nous, ça sera la merde unique, comme d'habitude !
– Ça va amener des emplois aussi...
– C'est ça, je vois pas ce que les Portugais peuvent amener comme emplois, on va pas pêcher la morue sur l'avenue, à ce que je sache !

Déjà que juste en France t'as un con sur deux, alors en Europe !
– Faut tout multiplier par douze.

Quel temps de malheur...

C'est les jeunes qui sont pour l'Europe, moi à mon âge, je suis pour le paradis, ça m'intéresse plus voyez-vous.
– Mais non, vous êtes pas vieux...
– Beu, beu, je sais ce que je dis.

Tu meurs, et après tout le monde t'oublie.
– Là encore faut pas se plaindre, on peut t'oublier tout vivant.

T'es amoureux d'elle ?
– ...
– Alors embrasse-la !

C'est vrai.

J'avais pas réfléchi.

Avec la science tu meurs de plus en plus vieux mais tu nais pas de plus en plus jeune, c'est pour ça qu'on a de plus en plus de vieux et de moins en moins de jeunes...

UN!
– Crie moins fort !
– UN !
– Crie moins fort...
– UN !
– Crie moins fort je te dis !
– UN ORANGINA !
– Puisque tu cries comme ça, t'en auras pas !
– Oiiiiiinnnnnnnnnnn...

Quand je suis bourré j'aime tout le monde.
– C'est parce que tu bois des bons produits.

PAF !
Comme ça tu pleureras pour quelque chose !

Si tu fais un bon petit déjeuner le matin, eh ben le midi tu bouffes bien et le soir tu bouffes bien aussi, en fait, le déjeuner du matin, vu ce que tu bouffes après, si tu le sautes c'est moins grave qu'on dit...

Un kir, et pourtant
j'en bois jamais, comme
quoi...

Eh ?! C'est un
Ricard menthe, ça ?

Les mômes,
ça braille
tout le temps...

Y a plus de quincaillier,
du coup on trouve plus
de quincaille...

L'animal domestique,
t'en manges pas, eh ben
les produits domestiques
t'en bois pas.

J'ai pas de religion précise,
sauf peut-être que faut pas
me faire chier.
– C'est pas une religion,
ça !
– Commence pas.

Oui, eh ben ça
allait un peu mieux
quand la
Yougoslavie était
française !

Il y a eu une éclaircie
tout à l'heure.
– Oui je l'ai vue, j'étais
dans le bus.

Suffirait de
leur envoyer à
manger pour
qu'ils n'aient
plus faim.
– Ça, c'est ce
qu'on dit...

Plus on envoie de
l'aide humanitaire,
plus y sont maigres !
– On ferait mieux
d'envoyer de la
bouffe...

Le vétérinaire
coûte plus cher
que le chien !
– C'est de la folie.

Un beau parquet,
ça s'entretient !

Ils sont rusés, ces Afghans, rusés, toujours cachés dans les montagnes ! Impossible de les tuer là-haut !
– Cette année, dans le mont Blanc on a eu trente-six morts...

La France est vraiment la poubelle du monde, comme y disent...

Hé, Ho ! Qu'y z'aillent voir en Algérie comment c'est !

Moi je vis à cent à l'heure, sauf dans les villages je vis à cinquante...

On trouve plein de déchets des hôpitaux dans les décharges, un jour vous verrez, on trouvera des malades !

La prochaine fois que tu fous la merde ici...
– Personnellement, je m'attendais à ce genre de réflexion...

Vous imaginez, vos enfants vont jouer dans la décharge et y se piquent avec une aiguille ! On va quand même pas les enfermer toute la journée !

Un pâté assiette ! Un jambon SANS beurre ! Deux demis !

C'est des saletés qui viennent de l'étranger...
– Ah elle est belle, l'Europe !

Pour une Miss Monde, faut au moins un mètre cinquante entre la bouche et le trou du cul...

L'Europe de l'ordure, c'est fait.

Vous plaisantez ?!

Est-ce que j'ai l'air ?

Dis-moi un nom d'apéritif pas français, un ?

J'ai pas peur de l'Europe, moi, je suis pas un pédé !

Quand toutes les frontières seront supprimées et que ça fera qu'un seul pays, dis-moi ce que ça va changer l'Europe, à part qu'on pourra aller où on veut n'importe quand, tu parles d'un progrès, on a le droit d'aller en Espagne comme on veut, comme si avant c'était difficile d'aller en Espagne, c'était pareil, mais ce que le gouvernement il ne nous dit pas, c'est que eux, les présidents, ils peuvent changer de pays et diriger le pays qu'ils veulent, tout d'un coup t'as l'Espagnol, ou le Grec, il arrive et il dirige la France sans même être français, avec la réforme de l'Europe il n'en a pas besoin, des papiers, il prend les impôts des Français, il fait des conférences de presse à Versailles, il invite sa famille dans le Bordelais, et allez donc, tout ça prend des hélicoptères de l'armée française pour aller se promener dans les vignes, on a les meilleurs vins du monde, tu penses bien que les nouveaux présidents de la France vont pas se gêner, et une fois de plus si notre président à nous il va présider un autre pays, qu'est-ce qu'il y gagne, lui, rien, y a que de l'huile d'olives et des maquereaux...

T'es sûr de toi ?
– Moi, je l'ai lu le traité de Maastricht, et plutôt deux fois qu'une... c'est pas à notre avantage.
– Ah bon.

L'écoute pas, il déconne à plein tube.
– Je le sais je te dis, puisque je l'ai lu !

Tu travailles jamais, toi, que je t'ai toujours en face de moi !
– Ah mais moi je suis bien ici, patron...

On sera plus des Français, on sera des Européens.
– Toi ? Européen ? Tu peux même pas rentrer chez toi tout seul !

Charlot, va...

C'est pas parce que l'Europe va se faire qu'on va devenir deux cent cinquante millions de Français ! Ça serait trop simple.

Le Portugais sera toujours portugais.
– Surtout eux, pour les faire changer !

Si tu veux tu peux aller travailler où tu veux comme pays.
– Range-moi déjà les tables là, tiens...

Européen... pourquoi pas Zoulou, aussi...

... On n'est plus à une connerie près...

... On a perdu l'Algérie, y vont nous faire croire qu'on va gagner l'Europe...

... qu'est-ce qu'y faut pas entendre...

... non mais je te jure...

... On rêve...

... y nous croient dégénérés...

... Ou quoi...

... moi de toute façon je vote pas...

... je bosse...

... toi pousse-toi, tu vois pas que je balaie, non, tu vois pas ?

Tout le monde avec le même argent, ça évitera de se faire voler quand on va à l'étranger.
– Y trouveront autre chose pour vous voler, vous inquiétez pas pour eux !

On s'est surtout baladés en montagne...
– C'est bien, la montagne, tu te perds y viennent te chercher en hélico, alors qu'à la campagne si tu te perds tu rentres à pied, tu te démerdes...

Tu sais ce que j'en fais, de ton Europe, moi ?! Je la coupe en morceaux et j'en fais douze pays !
– ...
– Ça va pas traîner !

Même les trucs les plus cons il les sait pas !

Avant que Mitterrand y parle j'étais contre, eh bien maintenant je suis pour...
– T'écoutes ce qu'on dit à la télé, toi !? Alors t'aurais pas la télé, tu saurais pas quoi penser ?! C'est ça ? Tu peux pas te faire ton opinion toi-même, comme moi, non ? Qu'il est con ! Et si Mitterrand il avait dit : «J'en sais rien», pour l'Europe, tu saurais pas non plus... putain, et dire que ça vote, ça...

Le cochon, il est omnivore !
– Et alors que je m'en branle, moi, ça veut pas dire que le cochon mange de tout, ça veut dire que l'homme mange tout le cochon... homme, c'est nous, nivore, qui veut dire manger...

T'as été élevé où ?! Chez les qui habitent les grottes ?

Une Suze-cassis, et pas un cassis-Suze comme hier !
– Traite-moi de voleur, aussi !
– J'ai pas dit ça, j'ai dit ce que j'ai dit !
– En plus le cassis coûte plus cher que la Suze... si je t'en mets trop, j'y perds...

Tiens, remets nous ça...

Ils disent dans le livre qu'on doit mettre du pain dans la soupe aux lentilles.
– Moi les livres, je les lis et je fais ce que je veux !

Une fois trempée dans l'eau bouillante, la tomate s'épluche toute seule.
– Et ça marche ?
– Si ça marche ?! Tous les grands cuisiniers le font !
– Ça fait gagner du temps.
– Des heures ! Sur une semaine, des heures !

Quand c'est bon je me retiens, sinon vous me croirez si vous voulez, je finis le plat, ah oui, je finis !

C'est la réfection des églises qui coûte tellement cher au Vatican.
– Je sais, mais comment faire, on ne peut tout de même pas laisser les édifices à l'abandon...
– Vous priez, et vous recevez une tuile sur la tête... c'est arrivé, vous savez, c'est arrivé...
– Ah, je ne savais pas.

On leur sert quoi, aux perruches, là?
– ?!

Il a qu'à prendre la truelle, vot'Jésus, là !

C'est Esaü qui a vendu son droit d'aînesse pour un plat de lentilles.
– Je sais pas, j'ai pas écouté les infos.

Il faudrait irriguer les déserts, bien sûr, mais avec quoi ? Y a pas d'eau...
– Du jus de fruits...
– Il est malade ! Du jus de fruits, ils en ont même pas pour se laver...

En Somalie vous avez sans doute des champignons de toutes sortes, personne se baisse.
– Y en a dans tous les pays.

Et même des mortels de champignons y peuvent en manger, au point où y z'en sont.

On vous a rien demandé, vous !
– Je dis ce que je pense !

Et pourquoi ils ne mangent pas leurs enfants ?! De toute façon les enfants meurent et personne en profite, alors...
– Vous n'avez pas honte de dire des choses pareilles ?
– Eh, je dis ça pour eux !

T'as pas vu René ?
– Non.
– Bon, je repasserai.

La fraîcheur
est tombée
d'un coup...

*Y fait nuit
plus tôt, on dirait...
– Sur la place,
ils allument
à sept heures.*

... tout le monde
s'en fout, je sais,
mais moi j'ai sorti le pull...

Moi j'ai sorti le pull...

Les ploucs y chient de ces merdes, alors dites pas qu'à la campagne on mange que du bon !
– Mais je parle pas de ça !
– Ah moi j'ai compris ça toujours !

Le soleil,
il est pas plus
atomique que
ton nez.

*Y a que des cons
dans ce bistrot,
tu le connais ?
– Tu parles que
je le connais,
j'y vais tout le
temps.*

*Avec leurs hélicoptères, ils rentrent dans les prisons comme dans un moulin, maintenant ! Ils arrivent au-dessus de la cour et hop, envolés !
– Des prisons sans toit, vous avouerez aussi que c'est pousser le bouchon ! Ils vont pas mettre de porte et après on s'étonnera des évasions en mobylette !*

Quand on voit toutes ces saletés qu'on jette dans les décharges, c'est pas tellement étonnant qu'un jour ou l'autre on y trouve des cochonneries !

Ils le droguent, le chien, après ils arrêtent, quand le chien est en manque ils lui font renifler les bagages des gens dans les aéroports, le chien cherche la drogue mais c'est pour sa consommation personnelle...
– C'est dégueulasse de droguer des chiens !
– C'est comme ça...
– Remarque, si ça peut sauver des vies de drogués...

Ils le font avec des chiens, mais ils pourraient le faire avec des drogués tout aussi bien, non ?

Si tu le fais boire, le chien, et que t'arrêtes, il va pas chercher la drogue, par contre il ira au bistrot avec les flics !

Si l'Europe devient un seul gros pays, la Corse, en bas, elle va devenir encore plus petite.

Tous ceux qui travaillent à la télé travaillent aussi sur la radio.
– C'est pendant que leurs habits sèchent.

Trois heures de musique classique, c'est du caviar à la louche, ça veut plus rien dire...

La télé, c'est comme une personne...

Faut être sérieux, allons...

Il faut des yeux pour le croire...

C'est un sous-marin qui s'appelle *le Redoutable*, et dedans, ça sent la chaussette...

Des fois, tu cherches une connerie à dire et ça vient pas...

Vous avez vu tous ces sondages sur Maastricht ?!
– Les sondages, j'en crois un sur deux.

Vous rentrez déjà ?
– Oui oui, si je veux mourir dans mon lit faut que je rentre !

Yves Montand aurait fait des discours pour l'Europe, lui, tel que je le connais.
– Il serait vivant, voyez-vous, peut-être que j'aurais voté oui.

Elle est bizarre, comme vieille...

C'est des âges où tu peux mourir n'importe quand, n'importe où, alors c'est sûr, t'es pressé de rentrer.
– Ah bon, tu vois ça comme ça, toi...

Schubert ? C'est pas *la Truite*, ça ?
– Si, c'est *la Truite*.

Lâcher du gibier c'est plus de la chasse, allons...
– C'est du repeuplement.
– Du repeuplement ? Va leur falloir des visas, aux faisans, allons.
– ...
– Quand il est lâché, il redevient sauvage en deux minutes.
– Sauvage en deux minutes ? Allons... c'est pas des Russes, c'est des faisans...

C'est pas des trous de cul qu'ils ont, les lapins, c'est des compte-gouttes !

Ils gardent des immenses troupeaux qui mangent les lichens sur la toundra.
– C'est tout ?
– Ils chassent le phoque aussi.
– C'est tout ?
– Ça prend du temps déjà, surtout que la nuit dure longtemps, c'est dans l'émission de Cousteau que j'ai appris ça.
– Il est pas dans l'eau, çui-là ?

Demain, c'est la rentrée du petit, faut pas que je fasse le con, faut que je rentre tôt...
– Y rentre en combien ?
– Sixième.
– Ah ouais, la sixième c'est important.
– Attends, non ! Cinquième ! J'ai dit quoi ?
– Sixième.
– Non, non, c'est cinquième !
– La cinquième c'est de la merde, t'as le temps d'en reprendre un, va...

Ils mettent Coca-Cola sur le cartable et le cartable ils le vendent deux fois plus cher, ça devrait être moins cher au contraire, le môme chaque fois qu'il ouvre le cartable, ça leur fait de la pub Coca.
– Même à la limite Coca devrait payer le gamin.
– C'est ça, il arrête l'école et il va bosser chez Coca !

Il a son cartable ?
– Je sais pas.
– Il a ses cahiers ?
– Je sais pas.
– Putain, je sais pas pourquoi elle te donne des sous, la mairie !

Il les boit... remarquez, moi je lui jette pas la pierre, je fais pareil...

Leur nouvelle pédagogie, pfi, c'est comme leur nouvelle cuisine, une morue qui fait la classe pour dix haricots verts !

T'as assez picolé comme ça...
– Eh... j'ai pas école, moi, patron !
– Bon, le dernier !
– Juré que je meurs là tout de suite si je mens, patron !

Ils coupent les marronniers et à la place ils mettent des poteaux de basket, comme ça les gosses montent pas dedans, par un certain côté c'est moins dangereux remarquez, mais par un autre côté on peut pas dessiner les feuilles des poteaux de basket...

J'ai vu son institutrice.
– Alors ?
– Un monstre !

C'est plein de voyous, dans ce quartier.
– Oh, dès que j'arrive chez ma fille, je m'enferme !
– C'est plus prudent.
– Et en bas je coince la minuterie avec le balai... tant qu'ils auront pas démoli tous les hangars, je serai pas tranquille... c'est dans les hangars qu'on trouve les Noirs...

J'ai jamais supporté l'école, c'est pas que j'étais bête, mais j'aimais pas...
– De toute façon, pour ce que ça sert, ici le matin j'ai un médecin qui vient boire son canon, si il le dit pas qu'il est médecin, c'est un pochetron comme vous et moi...

En classe j'étais toujours au fond.
– Ça a changé, je vois que toi ici.

Il rentre à Jules-Ferry.
– Sur le plateau ?
– Oui, derrière les cités.

Vous pouvez me faire la monnaie du billet, comme ça je lui donnerai ses sous pour la cantine...

C'est treize millions de gosses qui sont entrés à l'école aujourd'hui, je sais pas comment les escaliers résistent !

Chez le rouge-gorge, c'est le mâle qui pond.

Ils mettent un cœur de babouin sur un homme, résultat...
– Résultat ?
– Rien, je t'expliquerai... salut Tanguy !

Il a été opéré, Tanguy, alors j'aime pas trop parler de maladie devant lui.
– Ah c'est pour ça !

Enfin bref, résultat, le mec y crève et on l'enterre avec un foie de babouin...

Un ?
– Babouin, c'est un singe avec un foie.

La prostate, c'est plus dangereux qu'on croit...
– C'est pas un obus, tout de même !

Ils l'opèrent quand, Mitterrand ?
– Ils l'ont pas dit.
– Pourquoi ils l'ont pas dit ?
– Parce que sans doute une fois de plus c'est du bidon, c'est pour se faire plaindre !
– Vous verrez les sondages, vous les verrez, si Mitterrand remonte, la prostate c'est du bidon !

Une minute c'est soixante secondes.
– Où tu veux en venir ?

Plink !

Et allez donc, un verre de moins !

Faut être curieux, dans la vie, sinon tu restes assis sans savoir que t'as un trou au cul, si j'ose m'exprimer ainsi...

Ils ont tué deux casques bleus.
– J'ai entendu ça...
– On les voit de loin avec leurs casques, aussi...

Osez, cher ami, osez...

S'ils veulent se faire la guerre, je vois pas pourquoi on intervient ! La guerre c'est un droit de l'homme !
– Tout à fait.

De quoi ?

Rien.

Salut bande d'enculés !.....??????
– ????????
– Excusez, je me suis trompé de café, je vais au Square !
– C'est en face !!!

Capotes dans le lycée, capotes au café, capotes dans le métro, toutes ces capotes qui traînent sur les murs, vous serez de mon avis que c'est pas des œuvres d'art, tout de même !

Vous avez regardé le film hier soir, *l'Etoffe des héros*?
– Les pédés qui font de la couture, ça m'intéresse pas !

Bocuse, c'est cher pour ce que c'est.

Paul...

Putain, s'appeler Ricard,
c'est quelque chose...

Ricard c'est le nom du mec, alors que pastis c'est le nom du produit.
– Monsieur Ricard et du pastis.
– C'est ça, Monsieur Ricard et pas Monsieur Pastis.

La fiente est un bon engrais, c'est pour ça que les oiseaux ont des plumes au cul !

Leur France 2
France 3,
pour moi c'est
merde 2
merde 3...

Tu fais prendre du crack à un canari, y chante plus, y beugle !

Et ma bière ?! j'ai pas que ça à foutre, moi !

De toute façon l'Europe c'est trop petit, on s'en rend compte en été, de ça...

Oui, non, oui, non, moi je vais voter merde, si y continuent à nous bassiner avec ça !

Moi, j'aurais un cancer, je finirais toute la cave de l'Elysée !

C'est lui qui la veut, et vous allez voir qu'il va mourir et nous laisser dans la merde avec l'Europe !

Par chez moi, là-bas, ils ont commencé les vendanges.
– C'est autre chose que leur Maastricht, ça !

Elle a perdu un kilo mais c'est aux genoux, alors ça se voit pas beaucoup...

Je joue ma date de naissance depuis onze ans et je la jouerai jusqu'à ma mort !

Alors si on n'a même plus à faire les numéros avec leur Loto Flash machin, qu'est-ce qu'on va faire ?
– Perdre, c'est tout.

C'est des passoires, les prisons, des passoires ! Si au moins il y avait un mur autour !

Y a trop de prisonniers, y a trop de prisonniers, qu'est-ce que vous voulez...
– Beu beu beu, moi je suis sûr que là-dedans y en a la moitié qui ont rien fait et qui restent pour se faire nourrir !
– Ils ont des dossiers sur les prisonniers.
– Les dossiers, ça se trafique !

Je te foutrais tout ça dehors, moi ! Allez hop ! A la mine !

Leur machine, elle va donner les numéros qu'elle veut, pas ceux que nous on veut, nous ceux qu'on veut, c'est ceux qui gagnent !
– La machine les connaît pas, sinon elle serait milliardaire !

Les zoos intéressent plus personne, c'est à l'abandon, les girafes sont pleines de liseron.

Hier, il faisait beau, si demain il fait beau comme aujourd'hui il fait beau, ça fera trois jours de beau temps à la suite.
– Exact.

Je remonte sur le toit, j'ouvre mon sandwich, il avait oublié les cornichons...

Et un croque pour la grosse dehors ! Un !

Ça fait dix ans que je viens ici, je vous ai jamais vu !
– Je suis égoutier.
– Moi je suis couvreur, c'est pour ça...

Quat'quatre-vingts sur dix !

Vous avez compté les cigarettes ?

Un en haut, un en bas...

Tu retournes le microscope et, d'un coup, c'est le microbe qui te regarde.

C'est comme un piaf sur le toit et un rat dans la cave, macache qu'y se rencontrent...

La mer redescend exactement la même distance que ce qu'elle venait de monter, et ça, c'est fort...

T'as même pas un franc ?
– Non.
– Et tu bois comme un banquier ! Tu manques pas d'air, toi !
– C'est la crise.

Les boulangeries face à la mer, tu peux être sûr que le pain sera mou, ça entre, ça sort, les embruns idem, et les jours de tempête, c'est même pas la peine de faire du pain, t'as des poissons dans la farine !

Il exagère toujours, celui-là...

Une petite brume se levait sur la campagne, c'était beau, un vrai couvercle de boîte de chocolats !

L'avantage de Maastricht c'est que ça va être le bordel et moi j'aime bien le bordel.
– On sait...

Mitterrand a un cancer, la bourse se casse la gueule, avec l'Europe il faudra que douze chefs d'Etat aient un cancer pour que l'écu baisse !

C'est rien du tout, un cancer de la prostate.
– Si c'était rien, on dirait un rhume de la prostate !

Avec tous les scandales des décharges, tu vas voir qu'on va y retrouver la prostate à Mitterrand !

Une belle prostate, t'en fais un bonnet de marin.

En tous les cas se faire opérer de la prostate c'est pas une preuve d'intelligence !

Je passe du temps en repassage mais dans le monde qu'on vit, du linge bien repassé réchauffe le cœur...

Un studio de quinze mètres carrés, deux mille balles sur Paris ! Tu fous une caisse à chat sur du papier journal, t'as déjà plus que quatorze mètres carrés pour deux mille balles !

Un mètre carré pour une caisse à chat ?
– Il a un gros cul, son chat...

Il y en a qui ne passent jamais l'aspirateur sous les meubles.
– ...
– Pas une fois !
– ...
– Toute une vie !
– Quand ils meurent on enlève les meubles, et qu'est-ce qu'on trouve ?
– Les poussières de toute une vie ?
– Oui !

Voilà !

Oui, eh ben moi, ça me fait pas rire !

Je dois livrer une corbeille de fleurs chez une princesse.
– Sans moi.

Lang, je l'enfermerais une semaine dans les chiottes du square, ça lui rentrerait ses grands airs !

Vous n'oublierez pas votre parapluie.
– Un parapluie, ça ne s'oublie pas !

Connais pas.
– Mais si, tu les connais, c'est les chiottes où qu'on dit que Hulk y va chier.
– Ah d'accord ! Derrière le marché !
– C'est ça...

C'est toujours pas démarré, la Cinq ?
– Si, hier c'était "Sacrée Soirée".
– Mais non, ça c'est la Une !
– Ah et comment ça se fait que je l'ai sur la Cinq, la Une ?
– Ça arrive souvent, ça, c'est les ondes qui merdent.

Mitterrand gouverne la France depuis son lit d'hôpital avec un téléphone et un fax, alors permets-moi de demander, ça lui sert à quoi l'Elysée, d'habitude ?

Oh ! Y t'a rien fait, ce jeu !
– Y m'a avalé ma pièce !
– Eh ben t'en remets une ! Mais tu tapes pas dessus !
– Et qui c'est qui me la rembourse, ma pièce ?
– Ben demande à Terminator, c'est lui qui te l'a bouffée...

Non non non et non ! Pas de sucre au chien, bordel !
– Un petit bout...
– Non !
– Oh merde, il est tombé...

Putain de ta mère...

Faut cinq ans sans boire avant que le foie se refasse.
– Cinq ans ?!
– Cinq ans.
– C'est l'âge du petit...

Si tu veux en savoir plus sur les vers de terre, tu écris à la télé et ils te répondent.
– ?

Non, l'échelle reste dehors !

C'est un foulard tout léger pour que les cheveux respirent.
– On n'y pense pas assez, à la respiration des cheveux.

Le bagne ça serait mieux, au fond, mais pas au soleil, au pôle Nord, à casser de la glace...

Avec des sables mouvants tout autour, personne passe, comme dans Papillon...
– De toute façon ils s'évadent en hélicoptère, alors...
– On fait voler des milliers de pigeons !

Tu sais combien ça gagne, un gardien de prison qui débute ? Six mille francs !
– Bien fait pour sa gueule !

Un gars qui doit sortir de prison en 2056, c'est obligé qu'il fasse n'importe quoi pour s'évader, il a rien à perdre, le gars !
– Et pourquoi on leur dit combien de temps ils vont rester ?

Qu'il est con, lui...

La prison, la prison, bien sûr que c'est triste, la prison, c'est fait pour ça et de toute façon qu'est-ce que vous voulez en faire des gars qui attaquent les banques ou qui volent dans les appartements, et même qui tuent des gens, hein, on en fait quoi, on peut quand même pas les laisser se promener comme ça dans la rue sans rien faire, il faut bien les punir sinon alors c'est la fin de tout, on pourra plus sortir de la maison à cause des tueurs dans les rues et pour finir qui c'est qui sera en prison chez lui, non non, les gens honnêtes dans les rues et les gangsters dans les prisons, à la limite si vous voulez on fait des grandes fenêtres avec des grands barreaux pour qu'ils voient loin dans la campagne, c'est moins inhumain, déjà que nous en ville on ne voit pas la campagne, c'est gentil que eux ils la voient, avec les paysans qui labourent et les pommes aux arbres, ça change les idées, toute la journée avec le bon air et le blé qui pousse, ils seraient pas plus mal logés que les poules, et les poules n'ont jamais attaqué personne, en plus les poules elles pondent des œufs, et à la fin on les mange, alors que les prisonniers on ne les mange pas, d'ailleurs peut-être que si on les mangeait ça serait plus dissuasif que la prison, les autres ils auraient peur de faire des bêtises en sachant qu'on en a mangé un y a pas longtemps, remarquez moi je dis ça pour les autres, parce que du prisonnier, vous m'en ferez pas manger...

La chance ça se provoque, tu bosses bien à l'école, tu fais du sport, tes parents te paient des études qui durent, t'as tous les examens, tu deviens docteur, tu rencontres une belle femme, tu te maries et coup de bol, elle est pleine de thunes !
– Oui mais enfin bon...

La fourrure c'est plus à la mode, y a guère plus que les animaux qui continuent à en mettre...

Un rhum, comme ça !
– Et après ?
– Un dégueulis, comme ça !

Tu t'y connais en mécanique ou tu t'y connais pas ?
– Un peu.
– C'est pas une réponse, tu t'y connais ou tu t'y connais pas ?
– Un peu, j'ai dit.
– Alors tu t'y connais pas... la mécanique, ou on s'y connaît, ou on s'y connaît pas.

J'ai pas raison ?

Mais bien sûr...

Pour déboucher ton évier, le mieux encore c'est la ventouse, un vieux remède, l'évier bouché c'est une vieille maladie...

C'est pas une année à girolles, cette année.
– C'est une année à rien.

Si vous n'en trouvez pas sur le marché, c'est qu'il n'y en a pas dans les bois...

Tu m'en remets un...
– Paie déjà celui-là.

Un demi, s'te plaît !
– Et voilà un demi !
– ? C'est de l'eau, ça !
– Quand on paie pas ce qu'on doit, on boit comme les chiens..

C'est les technocrates qui vont diriger, des gens dans des bureaux, autant dire des machines à café.
– Chez nous elle est tout le temps en panne.

Même si on ouvrait des Restos du Cœur là-bas, ça ne suffirait pas, en deux minutes les Africains auraient mangé tous les biftecks hachés...

T'aurais vu la baston à quatre heures, sur le parking de la boîte, je sais même pas si le mec est pas mort...

J'ai pris le périph, eh ben c'est la dernière fois !

Un coucher de soleil, beau, beau, comme à la Martinique.
– Pas étonnant, en Bretagne c'est plein d'Antillais.

Je vais faire des travaux...
– Des travaux ?
– Je vais agrandir le comptoir.
– Combien de mètres ?

Les chirurgiens passent plus de temps à se laver les mains qu'à opérer, va, je les plains pas, ceux-là.

Ils vont dans les cimetières et ils déterrent les morts, ils les mettent dans des draps et ils les jettent en l'air en chantant, c'est la fête des morts, oh eh bien moi, je préfère la nôtre, de fête des morts, je pose des fleurs sur la tombe et je rentre à la maison...

Il paraît qu'il a une maîtresse à Sarajevo...

Avec les lumières qu'ils mettent dans les boîtes, même les papillons de nuit deviennent cintrés.

En voile, si t'as pas de vent, t'es rien, t'es qu'une merde qui flotte sur l'Océan.
– T'as un moteur de secours.
– C'est ça, t'es une merde à moteur.

Quand tu tombes de la montagne, c'est comme un cheval qui a balancé son cavalier.

Oui, on peut dire ça...

La campagne était couverte de brume, plus rien bougeait, t'ouvrais la porte la brume rentrait dans la maison, tu sais à qui elle me faisait penser, à rentrer comme ça ? Au voisin.

La Terre toute petite comme une boule avec dessus un tracteur, en une journée, toute la terre est labourée...

Il a pété un plomb, lui, ça y est...

La Terre serait plus petite, on ferait peut-être plus attention à pas trop salir.
– La taille a rien à voir, c'est comme un slip par rapport à un imperméable...

Un cep de vigne donne grosso modo un litre de vin.
– Et pour les demis ?

Tu fumes plus ?
– Si.
– Alors pourquoi tu fumes pas ?

... le lendemain matin, les œufs avaient disparu du nid...
– !

C'est le renard ?
– Oui, le renard.
– !

La piscine ça fait les yeux rouges.
– Faut pas la boire !

Il a une piscine à lui, l'eau elle est bleue, mais bleue, tu verses l'égout dedans, on dirait la mer.

Montand, si y veut revenir, faut qu'y se magne, là !

J'ai des milliards de poules d'eau en ce moment.

Oui oui, des gens sont morts et sont revenus à la vie, et ils racontent ce qu'ils ont vu là-bas, oui oui...
– Moi j'écoute pas les anciens morts.

Un chat retombe toujours sur ses pattes parce que c'est ce qui lui sert le plus, un intello c'est la tête qui morfle.

Déjà quand t'es tombé dans les pommes on te fait plein de radios de la tête, alors quand t'as été mort...

Tout arrive en même temps, les noix, les prunes, les pommes, le raisin ! Si vous voulez je vous en apporterai de la campagne.
– Si c'est pour vous débarrasser, ça ne m'intéresse pas.

J'ai toujours dit ce que je pensais... là par exemple je pense à rien, je le dis.

A force de se savonner les mains le savon diminue, c'est mieux que le contraire, à force de savonner c'est les mains qui rétrécissent...

C'est comme ici, tout arrive en même temps, les kirs, les demis, les bières, les flics !

Et à la fin elles partent dans le trou.

Du gardon,
du gardon,
du gardon...

Et une brème.

Oui, et une brème.

Les grandes villes ralentissent les rotations de la Terre, c'est ce qu'on dit en tout cas...

Y a tellement de voyous, à New York, que même les voyous osent plus sortir.

Tous les fleuves font la même taille, à deux kilomètres près...

Tu regardes la lune avec une longue-vue, tu vois pas de vie, si tu la regardes avec un microscope tu vois plein de microbes normalement.

Un microbe, c'est un truc qui vit.
– Ça te vit dans le nez, ça te vit dans le cul, tu parles d'une vie !

Un pigeon, c'est mille fois plus con qu'un canard...

L'Afrique, ce qui lui manque, c'est les nuages sinon y a tout.

Du sida, si t'es pas enrhumé, tu peux en respirer.

Tu me sors les poubelles, tu seras gentil...

T'as le bonjour de Bébert...

Il a été opéré jeudi.

Vous votez demain ?
– Pour ?
– L'Europe.
– Ah je sais pas encore.
– Vous êtes inscrit ?
– Où ?
– A la mairie.
– Pour ?
– Pour voter ! Pour voter, faut s'inscrire à la mairie.
– Quand ?
– Quand ? Mais c'est trop tard !
– Alors je peux pas voter ?
– Ben non.
– Et comment je fais ?
– C'est trop tard, vous ne pouvez pas voter.
– Et pourquoi ?
– Vous n'êtes pas inscrit sur les listes électorales.
– Si, je suis inscrit, j'ai déjà voté.
– Il faut s'inscrire à chaque fois.
– Putain j'y comprends rien à leur truc d'Europe, là !

Mitterrand, le pape, tout le monde est malade en ce moment.

Tu te rends compte, si en allant à Sarajevo Mitterrand avait pris une balle dans la prostate !

L'Europe, c'est le pouvoir des technocrates qui décident de tout, ils sont dans un bureau et ils t'interdisent la pêche à l'asticot !

Parti comme c'est, on n'ira pas en finale.

Si la merde sentait bon, peut-être qu'on en ferait des bouquets pour la fête des mères, va savoir...

T'as voté ?
– Ça y est.
– Alors ?
– Elle a un cul comme ça !
– Elle était là?
– Elle a voté juste devant moi !
– Putain, j'aurais dû m'inscrire moi aussi...

C'est pas l'économie qui fait bouger la bourse, c'est les prostates, faudrait inventer l'indice prostate.

Un whisky.
– On n'a pas les résultats du vote que déjà tu bois pas français, toi !

Si c'est non, je pars aux Etats-Unis !
– Tu sais même pas où c'est.

On a vécu un moment historique.
– A huit heures, j'étais au lit.

On veut faire l'Europe, on n'est même pas capables d'aider les Yougoslaves !
– La Yougoslavie c'est pas l'Europe, c'est la porte de l'Europe.
– Oui mais bon...
– On va pas faire la guerre pour une porte !

Rien que le pognon qu'ils ont dépensé pour envoyer le traité à tout le monde, ça aurait sauvé des emplois... ça commence bien, leur histoire, tiens...

Vanessa Paradis, elle mange pas assez, cette petite...

Ça va être la jachère partout, la moitié du bistrot sera plus labourée !

Ça va changer quoi, l'Europe ?! On n'aura jamais des étés comme en Espagne et des hivers comme au Danemark !

C'est pas les résultats officiels, c'est des sondages, les résultats officiels, on ne les connaîtra jamais.

C'est la campagne qui a voté non.
– La campagne de toute façon, elle sera toujours à la campagne, on peut pas dire qu'elle sera dans l'Europe...

La France vendait pas de pianos, ça m'étonnerait qu'avec l'Europe ça s'arrange...

J'ai voté oui, c'est oui, pour une fois que j'ai bon à un jeu, y a pas de pognon à gagner...

De toute façon la France c'est toujours 50/50, tu demandes est-ce que vous voulez gagner au Loto, t'as la moitié de oui et t'as l'autre moitié de cons qui dit non !

51,5 % de pour et 48, 5 % contre, c'est juste.
– Oui mais ça suffit.
– Pour moi, 48 % de non, ça fait plus que 50 % de oui, c'est facile de dire oui alors que non c'est pas facile à dire, non ça vaut plus !

Du moment qu'on touche pas à ma rue...

Tu veux mon avis ?
– ...
– Au fond, c'est pas nous qu'on décide.
– ...
– Référendum ou pas référendum, ça change quoi ?
– ...
– Si ça devait arriver, ça arrive.
– ...
– C'est au-dessus de nous.
– ...
– Tu crois pas ?
– Faut y réfléchir.

... Je l'aime bien, Masure, le jeune, on les comprend bien ses informations, il a des belles chemises et il rigole tout le temps, ça fait plus joli quand la télé est allumée dans la pièce...

Gainsbourg j'éteignais tout de suite, je veux pas de ça chez moi !

Quand je fais ma sieste j'enlève le son, et c'est la télé qui me veille...

Elle va être belle, l'Europe, avec des Allemands au nord et des Espagnols au sud, ah ça va être chouette !

On a voté oui et finalement ça va pas se faire !
– C'est trop juste.
– Et alors, si ça avait été non trop juste, est-ce que du coup on l'aurait fait ?!
– Peut-être...

Les technocrates, là-haut, y z'ont eu les flubettes !

Y a une merde énorme dans tes chiottes !
– Ça y est, c'est l'Europe.

On ne peut pas se reproduire dans l'espace, sinon ça fait longtemps qu'on s'emmancherait en haut des arbres, figurez-vous.

Je m'en vais, mais je reviens.
– C'est con, tu pars quand j'arrive.
– J'étais déjà venu et t'étais pas là.
– Oui, mais je suis passé, tu venais de partir.

On n'a plus qu'à fermer la boutique.

Finalement, en retirant les frontières, on revient un peu au temps de la préhistoire où il n'y en avait pas...

Et le chômage, vous allez voir l'augmentation du chômage !
– Remarque, pour nous qui sommes au chômage, l'augmentation du chômage ça change rien, c'est pour ceux qui sont pas au chômage que ça risque de changer quelque chose.

Il m'a refilé toutes ses pommes toquées.

Je serais au chômage je m'en vanterais pas toute la journée, à votre place.

Ça occupe...

Et moi on m'aurait refilé des pommes toquées, je la ramènerais pas.

Avec l'Europe, tout le monde viendra dans nos coins à champignons.

Le Français est capable de donner des Juifs pendant la guerre, mais dire un coin à champignons, ça, jamais !

C'est le Français...

On a fait six bocaux de prunes à l'eau-de-vie dans l'après-midi de dimanche, ramassage compris.
– Le soir vous avez dû bien dormir...

On a eu deux-trois perdrix qui se sont levées loin devant nous, c'est tout, on n'a pas donné de coup de fusil, le gibier il était aux urnes ma parole !

C'est l'automne, aujourd'hui, d'ailleurs dans le bus tout le monde parlait doucement...

Les feuilles sont pas tellement marron, je trouve...
– Elles attendent le dernier moment...

Non mais t'imagines ! Dix kilos de cèpes en une heure !

Les champignons qui ont des formes bizarres avec plein plein de couleurs, on les ramasse pas.
– T'as raison, c'est des merdes de clowns...

Quand t'as un cirque qui traverse les bois t'en trouves plein, des champignons comme ça...

J'ai vu un film l'autre jour, le héros vidait un poulet, eh bien moi je trouve que le cinéma français va mal, monsieur.

Moi ce que j'appelle un bon feuilleton c'est quand les acteurs sont pas trop moches, sinon je les écoute pas.

Le bonheur fait pas avancer les choses, moi je suis heureux qu'en vacances, eh bien en vacances, je ne fais rien qu'à me faire chier.

Quand t'as vu un soleil couchant tu les as tous vus et pareil pour le soleil qui se lève, c'est l'usine, un soleil pareil.

Il faut être fou pour faire du vélo dans New York !

C'est toujours des variétés dans les ascenseurs, et du classique quand t'es en attente au téléphone... si tu prends l'ascenseur et que t'es souvent au téléphone, tu connais tout...

De la pluie !
mais de la pluie !
– Comme s'il en pleuvait.

Trente morts dans le Vaucluse ! Trente ! C'est incroyable tout de même de voir ça dans un pays comme le nôtre ! Des inondations pareilles...
– On se croirait dans un pays comme l'Inde ou je ne sais quoi.
– Sauf qu'en Inde y a pas le Vaucluse. Moi je vous parle du Vaucluse !
– Oui, mais c'est un peu pareil, ce genre de catastrophes.
– Mais non, en Inde ils en ont tout le temps, des catastrophes, ça ne leur fait plus rien, alors que dans le Vaucluse ! Trente morts !
– En Inde c'est des milliers de morts !
– Des milliers, des milliers, si c'étaient vraiment des milliers, resterait plus personne pour compter.

Vous aurez pas raison avec elle.

Et ça se croit malin !

Pourquoi on n'est pas ministres, nous ?

Parce que vous êtes des cons !

A peine c'est oui pour l'Europe qu'on a déjà des orages qui arrivent de l'étranger !

... à la limite, si tu marchandes pas, tu les vexes.

Un grand verre d'eau, c'est pour mon cachet.

C'est rien, le blanc d'œuf, ça fait des taches propres.

Vous en avez, du Pschitt orange ?
– Mais ça fait mille ans que ça existe plus, ça, monsieur.

Il se cure le nez, après il se gratte les oreilles, ce qui fait qu'il a des crottes de nez dans les oreilles...
– Il est champion, ton pote.

Ils ont dit la fin du monde pour le 26 septembre 2000 !
– Qui ?
– Chez Dechavanne.
– De la télé?
– Oui, dans sa nouvelle émission.
– Elle est bien, sa nouvelle émission ?
– J'ai vu que celle de la fin du monde mais c'était bien, y avait aussi des petits animaux...
– Ah tiens, faudra que je regarde...

Je suis complètement myope, alors pour moi les gares pleines de voyageurs, c'est rien que des déserts...

Si on m'annonce que j'ai un cancer, je rigole pour faire chier le docteur.
– C'est vexant, surtout si c'est un grand professeur...

C'est des lunettes de vue ?
– Juste pour lire.
– Alors pourquoi tu lis pas ?

Faut choisir, soit tu gardes tes racines, soit tu gardes tes chaussures.

Le Michael Jackson, là, il arrête pas de se tripoter les couilles en chantant, je sais pas si vous avez vu ça ?! Comme s'il les remontait tout le temps...
– Ah non, faut que je voie ça, moi...

La peinture faut que ça sèche, alors que la sculpture c'est tout de suite prêt.
– Moi j'y comprends rien, à tout ça...

Bientôt ça chantera avec un doigt dans le cul !

Sur les grosses statues, jamais compris comment ils arrivaient à faire tenir les nichons.

Les lions c'est trop beau pour mettre même dans un grand jardin.

Un croque, un !

Uneu beu-rrée !

Tout ce qui concerne les Touaregs m'intéresse, les cendriers avec un Touareg, des boîtes de biscuits, des images en couleurs, des boîtes de semoule...

Barre, on le voit jamais et il est quand même payé !

Une frite ?
– Ah oui, je veux bien...
– Je vous voyais les regarder... Si nous on s'offre pas des frites, qui c'est qui nous en offrira ?...

Kohl c'est un ancien opéré, c'est pour ça qu'avec Mitterrand ils s'entendent bien...

Quand t'es mort t'es mort, qu'est-ce que t'en as à faire qu'on te prenne des organes, si ça peut sauver des gens...
– J'ai jamais fumé, si ça se trouve je vais donner mes poumons tout propres, et l'autre y va fumer dedans.

Un polar formidable, je te le passerai...

Tu peux donner un œil à la place, si tu veux...

Les prisons, en sous-sol faut les faire, et dessus faut construire un parking qui appuie dessus...

Pour les champignons faut partir le soir et dormir sur place, comme ça le matin t'es sûr d'être le premier.

Les prisons seront toujours trop petites, t'en construis une nouvelle, le lendemain elle est pleine, t'en construis encore une nouvelle, le surlendemain elle est archipleine !
– Chaque fois qu'un gars entre, faudrait en faire sortir un...
– Exactement ! Les mecs se passent le relais de la liberté, celui qui entre le donne à celui qui sort...
– Et tout le monde sera content...

Comme au concert...

De toute façon, c'est pas les champignons qui viendront dormir chez toi !

Comme un fait exprès, tout le showbiz a de la famille en Yougoslavie, maintenant.

Si tu bouffes un champignon vénéneux, on te retire deux points.

Ils détruisent des tours alors que des gens habitent dans les rues !
– Même des fois ils détruisent des rues.

J'ai de la famille dans le Morvan.
– Pas moi.

Avec les orages, y a des milliers de vaches qui meurent tous les ans.
– Et des clochers aussi !

... faut surtout pas s'abriter sous un arbre !

Les gouttes c'est comme les voyous, c'est en bande que c'est dangereux.

Les éclairs étaient rouges, y en avait des bleus, c'est pas des éclairs d'ici, ça...

Des mètres et des mètres d'eau, alors que d'autres ont des mètres et des mètres de sécheresse.

Les gouttes une par une, ça va...

Douze points c'est mieux, tu peux faire plus de conneries.

Le marchand de serpillières, il a gagné au Loto !

C'était bien la peine...
– Moi je l'avais dit que le gouvernement ferait marche arrière, et voilà, c'est douze points pour le permis... C'est pas vrai que je l'avais dit ?
– C'est vrai.
– Remarque j'ai pas de mérite, Mitterrand il a des roulettes à son fauteuil, c'est facile de savoir qu'y va reculer...

Un vrai déluge !
– Il avait pas plu depuis longtemps, alors forcément, toute cette eau elle était bien quelque part, là-haut !

Si c'étaient les maires qui faisaient pleuvoir, eh bien j'en connais qui se seraient fait engueuler ces derniers jours...

Il a la main molle, c'est un torcheur de méduses, ce mec...

Si on arrive sur Mars et que dessus c'est plein de martiens qui crèvent de faim, du coup on dépensera moins d'argent pour aller dans l'espace, vous verrez...

Tu me serres la main ou tu me la serres pas, mais si tu me la serres, tu la serres comme un homme !

Au fait !
– Quoi ?
– Et ta dent ?
– Tu me parles de ça, ça fait six mois que c'est fini.
– Ah bon...

J'aime pas les cons !
– Quasiment personne les aime.

Tu bois quelque chose ?
– Non non, je rentre, j'ai promis à ma femme qu'on irait au restau.
– Comme ça tu seras débarrassé de l'apéro...

T'imagines, t'arrives sur une planète, c'est pareil qu'ici, y a des villes et du linge aux fenêtres, même si ça se trouve, y a ta mère qui fait les courses...

C'est ça qui est bien avec un animal, il est là, il vous aime, il attend pour sortir et c'est gentil, c'est reconnaissant, c'est pas comme les gens, les gens vous les aimez et ils s'en vont, ils téléphonent même pas, ils écrivent pas, rien, alors que vous les avez nourris pendant des années, et acheter des cartables et des cahiers, et des crayons, et payer la cantine, rien que ça, tenez, la cantine, ça se remercie, eh bien non, pas de remerciements, et les biberons toutes les deux heures, le jour, la nuit, ça pleure, et moi j'allaitais au début alors ça non plus, pas de remerciements, les gens c'est comme ça, vous voulez que je vous dise, si c'était à refaire, eh bien je voudrais accoucher des animaux !

Pour faire un manteau de ragondins on utilise dix bêtes, à dix kilos la bête, ça fait cent kilos de viande pour un manteau...
– Pour mettre dedans une bonne femme de cent kilos, y faut ça...

Un quoi ?
– Un café !
– Ah oui... un café... c'est ça... pour Jojo.
– T'as fermé tard ?
– Fuuuuuuuuuu... oui...

Il nous faudrait deux cerveaux !
– Non, je pense pas...

Je préfère encore que tu me pisses dessus que sur mon chien !

Un quoi tu m'as dit ?
– Un café.
– Ah oui... un café... c'est ça... un petit café pour Jojo.

Vous préférez quoi ?
L'heure d'été ou l'heure d'hiver ?
– Aucune, c'est l'heure normale que je préfère.

Moi ça me dérègle les intestins ce changement...

On se cale sur l'heure cosmique.
– L'heure cosmique ?! La blague ! Y a pas de pendules dans le cosmos !

Avant l'invention de l'heure, on arrivait quand on voulait, on partait quand on voulait, c'était pas le bordel comme maintenant !

On avance ou on recule ?

Tu devais être écrasé par le bus de six heures vingt, paf, changement d'heure, dis donc ! T'es écrasé par celui de cinq heures vingt !

Mes poules pondaient vers les sept heures, maintenant ça leur fait un coup de six heures, j'en ai pas une qui va se lever à cette heure-là !

C'est con...

L'été, on devrait carrément avancer d'une saison, si on n'aime pas le chaud...

Chez les Indiens, y avait pas l'heure, ils ont découvert ça quand les cow-boys les attaquaient à heure fixe...

Je pourrais avoir
du vin rouge
dans une flûte ?

Le jour, la nuit, ça suffit comme repère dans le temps pour un retraité comme moi... les heures c'est pour les jeunes, les secondes c'est pour les bébés...

Les secondes ça sert à rien, individuellement je parle...

C'est comme les champignons, si t'en trouves qu'un, tu peux pas le manger comme ça, faut le mettre dans une omelette...

... Si t'as qu'une seule seconde, faut la mettre dans une omelette.

T'ouvres le boîtier de ta montre, au fond tu trouves des secondes comme des miettes au fond d'un sac...

Je m'y retrouve plus, moi, avec toutes ces pièces jaunes...

A New York,
tu m'y verras jamais.

Ah ! Le journal d'hier ! Déjà que hier y avait rien dedans, alors aujourd'hui, à lire... c'est encore meilleur ! J'ai vraiment l'impression d'avoir rien raté.

On va aller où, si y a plus de bistrots ?!
– Au cimetière...

Moi j'y pense jamais à ça...
– T'as raison, t'auras bien le temps quand tu seras mort...

Tu vas voir en 93... le bordel...

Des milliards de chômeurs !

Je préfère être moi que Jules César parce que Jules César, il est mort...

Si tu bois que des apéros français, comment tu vas faire quand ça sera l'Europe ?

Une montagne peut supporter des millions de personnes, mais peut-être pas des milliards non plus...
– Plus les cars.

Vu le nombre de gens qui vont dessus tous les ans, y finira par s'écrouler, le mont Blanc...

... marée basse, le bar t'arrive aux genoux, marée haute, le bar t'arrive à la poitrine, c'est comme ça dans les bars de la marine.

Le prix Nobel de ?
– Gymnastique.

Le prix Nobel de ?
– Physique.
– A qui ?
– Un mec.

En général ils font leurs barrages électriques dans des zones où y a pas de poissons, une perche dans la turbine et l'usine est foutue, ils demandent aux pêcheurs du coin avant de construire, normal, c'est eux qui savent si ça mord...

Ça y est, c'est l'automne...
– Si tu veux de la lumière, il va falloir faire tes carreaux.

Tout est invisible !

Le thermomètre est tombé, comme ils disent à la télévision...

Quand une ville n'est pas belle, on n'a qu'à mettre du brouillard dessus.

Le plus froid qu'on ait enregistré, c'est moins cent !
– Moins cent, c'est pas possible.
– En Alaska.
– En Alaska ou ailleurs, c'est pas possible, sauf si le thermomètre est À L'EXTÉRIEUR DES VOLETS, là c'est possible...

Une poire, parce que j'ai plus de prune.

Les vacances c'est sacré, même le pape en prend.

Quand j'étais tout bébé j'étais romantique, mais après j'ai laissé pousser mes dents.

Si c'étaient les villes qui volaient, elles tomberaient sur les avions et pas le contraire...

Toi qui aimes bien les histoires qui se passent pas en France, ça devrait te plaire Christophe Colomb...

On n'a qu'à leur remettre des boulets d'une tonne aux chevilles, les hélicoptères pourront pas les faire évader, ils pourront pas les soulever !

On t'enterre, t'es un mort tout beau mais les autres à côté sont tout pourris, t'imagines la première nuit ?!
– Parle pas de ça !

J'en porterais pas, des chaussures fabriquées par Tapie, c'est un voleur, cet homme-là, le matin t'as cinq doigts de pied, le soir t'en as plus que trois !

Y a pas d'hommes dans l'espace pour une seule raison, c'est que dans l'espace y a rien à faire d'autre que flotter, et nous, toi et moi aussi, je me mets pas hors du lot, on n'aime pas flotter.
– C'est anti-naturel.
– Non, c'est même pas ça, on n'aime pas, c'est tout, ça s'explique pas.

Il a tout tourné en anglais alors qu'il le comprend pas.
– Il a raison, quand on est français, on comprend pas l'anglais.

Leur *Christophe Colomb*,
j'irai pas le voir,
Depardieu ressemble pas,
les bateaux ressemblent pas,
la mer ressemble pas,
rien ressemble !

Paraît qu'à « 7 sur 7 » elle était habillée en Alsacienne...
– Je sais pas, j'ai regardé « Maguy ».

Madonna, c'est rien...

Et son mari dit rien ?

Elle est tout le temps à poil devant tout le monde ! Ah je te jure sur la tête du gosse, elle voudrait que moi je voudrais pas !

Coucher avec une bonne femme comme ça, c'est des coups à se retrouver sur une photo scandale, non merci...

C'est des coups pour gagner des milliards, ça encore !
– Oui, eh ben moi je préfère jouer au Loto et garder mon pantalon.

Tu chies dans l'eau, la centrale est pas foutue mais bon, elle est pas nickel non plus...

Moi je m'en fous de ça, Madonna elle entre ici, je me la fais !
– C'est ça, rêve mon gars...

Qu'est-ce qu'il leur a mis, le PSG !

On va chercher la vie sur les autres planètes alors que sur Terre la vie on s'en fiche ! Y a qu'à voir ce qui se passe un peu partout chez les nègres, et ça te meurt à tour de bras ! Ça serait des martiens qu'on s'en occuperait plus ! Oh, je sais ce qu'on va me répondre, mais madame Bordes, ça coûterait trop cher d'envoyer une fusée chez les nègres !

Ils vont écouter les autres planètes pendant une semaine pour savoir si y a de la vie.
– Et si personne parle ?
– Si personne parle, on l'aura dans le cul.

Y sont pas verts, les nègres.
– Oh, pas loin...

Non ?

Mais si...

C'est précis leurs instruments, suffit qu'un extraterrestre fasse tomber quelque chose et on l'entendra...

Tu sais combien il en tombe des météorites sur la Terre chaque jour ?
– Non.
– Deux.

J'ai envie de chier.
– Ça se dit pas.
– J'ai pas envie de chier.
– Ça se dit pas non plus, rien se dit, ça se garde pour soi, et à toutes les heures du jour et de la nuit, et dans tous les pays...
– C'est dans le dictionnaire !
– Et alors ! Le dictionnaire a pas toujours raison. C'est rien qu'une chose, et c'est pas une chose qui va nous faire chier.
– Ah tu l'as dit !
– Oui, je regrette...

T'as fait ta vitrine ?
– Ce matin.
– Je me disais qu'on y voyait mieux, c'est plus clair.
– C'est plus propre.
– C'est comme si on avait construit en face, du coup...

J'avais trois degrés sur mon balcon ce matin.
– T'as de la chance d'avoir un balcon, moi j'avais zéro à la fenêtre.

L'air est à tout le monde sauf à un moment, quand il est dans tes poumons : là il est à toi, mais quand tu recraches, ça redevient à tout le monde, c'est de la propriété intermittente comme on dit, un coup t'es propriétaire, un coup t'es rien du tout...

Ça y est , je t'ai changé le joint.
– Déjà? T'es un lion.

Le renard, il est plus rusé que la poule, d'ailleurs y s'abîme pas le cul pour qu'on bouffe des œufs !

C'est bien la peine d'être président de la République pour avoir une femme aussi moche !

C'est fini
les manèges de chevaux de bois, maintenant, c'est l'ordinateur !
– Et ils sont même pas en bois !

C'est l'imagination qui disparaît chez les gens, ils imaginent plus les gens, ils imaginent plus, et la vie sans imagination, vous savez ce que c'est, c'est le cinéma qu'on regarde mais on n'a pas éteint la lumière... en gros c'est ça...

Qu'est-ce qui te dit que ce qu'on voit aux infos c'est vrai, et que c'est pas des inventions pour faire de l'audience ?
– Ça...
– Si ça se trouve y a des guerres nulle part, et les accidents d'avion c'est du pipeau.
– Ça...
– Pourquoi c'est toujours en Afrique ou je sais pas où mais loin ?
– Ça...
– T'as déjà vu un avion tomber, toi ?
– Ça...
– Ça quoi ?
– Ça non !

Faudrait des huissiers partout...

Je n'ai aucun projet, même là je sais pas si je vais en reprendre.

Et la ponctualité?
– La ponctualité, c'est bon pour les gens qui sont à l'heure...

C'est pratique, les valises sous les yeux, pour transporter de la fatigue...

Heureusement que c'est cher, sinon comment les aveugles pourraient savoir que l'art c'est beau ?
– Déjà nous, des fois...

La mer de Chine n'est pas très profonde à cause de la petite taille des Chinois.

Les sans-domicile-fixe se font sans arrêt virer par les flics, j'appellerais ça des sans-domicile-qui-arrêtent-pas-de-bouger, moi !

Fixe, c'est une façon de dire que c'est pas demain que ça va s'arranger...

C'est histoire de parler...

Moi, ce que je dis ou autre chose...

Les poissons sont indomptables !

Un tigre tu peux le dompter, une sardine non...

Tu feras pas faire des petits boulots à un animal en cage, eh ben à l'homme en prison si !

Jésus, tu le décloues, eh ben y sert encore...

Tu tiens ton journal à l'envers.
– Ah bon ?

C'est idiot de chercher ce qu'on a dans l'inconscient, tu trouves une chose, tu la sors, elle est dans le conscient forcément, du coup elle est plus dans le subconscient, tu as un morceau de plus à ton conscient mais c'est tout...

C'est un ancien prof de gym qui a fait de la philo...

Interdiction de fumer... bon... pfu... je bois un litre, deux litres de blanc, bon, pas fumer, pfu ! La connerie !

Arrêter de fumer ? Arrêter de fumer ? C'est aux usines qu'il faut dire ça, pas à nous !

Je crois ce que je vois !
– Moi je paye ce que je bois, c'est pareil...

Tu jettes un œuf dans le volcan, en quoi... même pas une seconde il est cuit.

Il faut déjà un certain degré d'évolution pour comprendre l'inconscient.
– Si t'es un con c'est pas la peine...
– Si t'es un con t'en as pas, déjà, et d'une ! Y faut un degré d'évolution pour avoir du subconscient...

C'est beau, la poésie, c'est de la lumière ! D'ailleurs, quand un poète parle, les papillons de nuit viennent tourner autour de sa bouche...

Tu nous fais chier avec ta poésie !

Si t'es tout le temps
en vacances dans ta
tête, personne peut te
faire rentrer !

Chaud devant !

*Ils ont de l'eau dans la tête,
elle est énorme leur tête, c'est
des hydrocéphales.*
– De l'eau dans la tête ?
*– Pleine d'eau, avec le cerveau
au milieu.*
– Comme une île ?
– Ça, je sais pas.

Tout le temps
la cervelle en
maillot de
bain,
celui-là...

*Il a refilé
le sida à mille
deux cents
personnes,
il a quatre ans
de prison !*
*– Ça fait un
jour de prison
par personne.*

Joseph Powel ! Tu connais pas Joseph Powel ?
– Qu'est-ce qu'il a fait, celui-là ?
– C'est lui qui a inventé la trompette.
*– Mais non, c'est pas lui, c'est un Grec qui
venait ici avant, mais on ne le voit plus...*
– Eh ben c'est lui, Joseph Powel !
– C'est pas grec, ça, comme nom.
– Qu'est-ce que t'y connais en noms grecs ?
– ...
– ...
– Rien.

Un gamin qui vole
un auto-radio, il a
déjà quatre mois !

Si c'est les docteurs qui tuent les gens, maintenant, qui c'est qui va les soigner ?
– Et encore, là on en a parlé à la télé, mais imaginez des milliers de morts qu'on sait pas ! Les expériences sur les gens en prison et tout !

Chez Toutou ils ont tué le cochon, 173 kilos ! Ça en fait, de la couenne !

J'en ai marre de ce bistrot.
– J'oblige personne à rester.

Le fumeur il fume, il avale la fumée dans les poumons, elle se balade là-dedans, elle fait le tour, elle fait ce qu'elle veut on s'en fiche mais attention le fumeur recrache la fumée, et là, là, là ça commence le problème parce que la fumée s'en va sur un non-fumeur qui respire et elle lui entre dans les poumons, elle fait le tour des poumons du non-fumeur pareil et elle ressort, le non-fumeur recrache la fumée et c'est son bébé qui prend, voilà le travail, c'est le non-fumeur qui a intoxiqué le bébé, alors finalement qu'ils ne viennent pas nous faire chier, ceux-là !

J'en allume une le matin et de cigarette en cigarette j'ai plus besoin de feu jusqu'au soir...

Si je veux mourir du cancer, ça me regarde ! C'est déjà pas marrant de mourir, si en plus faut mourir de choses autorisées !

Les canards nagent bien parce qu'ils ont des pattes de poissons.

Du riz pour la Somalie ? Et pourquoi du riz ?

En Afrique, ça doit y aller, les essais de rouge à lèvres et toutes ces saloperies-là sur les bébés pour voir si ça attaque pas la peau !

Tous les grands nazis ont fait des études de médecine...

Le gars qui est gros, c'est une réserve de bouffe à lui tout seul, c'est un genre de frigo plein sauf qu'on n'a pas le droit de l'ouvrir...

Si j'étais un artiste je foutrais rien ! C'est pas la peine d'être un artiste si c'est pour bosser, non ? Trois jours pour peindre une tomate, ben putain, moi je préfère être maraîcher !

Si Dieu existait vraiment, on ne trouverait pas toute cette famine sur terre.
– Dieu n'est pas cuistot.

Je vois pas pourquoi on aide la Somalie alors que d'autres pays ont autant la famine qu'elle.

Le mien, il a apporté du riz à son école.
– Avec tout ce qu'ils ont déjà dans le cartable...

Si ça peut sauver des vies, d'envoyer du riz...
– Pensez donc ! C'est les ministres qui prennent tout ! Les enfants continuent de mourir.
– C'est un peu con d'envoyer du riz pour sauver des ministres.

Ça fait dix ans que Mitterrand dépense quasiment rien de sa poche...

L'humour c'est universel, u-ni-ver-sel ! Tout le monde comprend.
– Mais oui, j'ai compris.

Les Américains n'ont pas le droit de bloquer le vin français ! Et la liberté alors ?!

Je paie une redevance couleur, c'est pas pour regarder le ciné-club !

... elle est où, la liberté ?

C'est pas grave, la quantité que tu bois, l'important c'est si tu tiens bien.
– ...

Toi, tu as envie d'être un grand écrivain ? Mais tu sais même pas écrire !
– Qu'est-ce que t'en sais ?
– J'en sais, c'est tout.

Je veux bien, prendre le bus, mais c'est moi qui conduis.

A la pêche, faut le silence, le poisson a des grandes oreilles mais elles sont à l'intérieur.

Des bagnoles ! Des bagnoles ! Des bagnoles ! J'ai jamais vu autant de bagnoles dans Paris à cette heure-là ! Bientôt faudra écarter les immeubles si on veut pouvoir sortir des bagnoles !

Je préfère encore me trouver coincé dans les embouteillages avec ma bagnole que dans le bus, c'est pour ça que je prends ma bagnole et pas le bus.

J'ai mis une heure à me garer, c'est pas pour rester dix minutes !

Dans mon camion je suis bien, je roule, je roule, j'ai le temps de réfléchir, par exemple, vous me laissez une semaine à la maison, je suis con.

Et mon verre ?
– Tu l'as bu.
– Mais non c'est pas le mien que j'ai bu, c'est le sien.
– Le tien, c'est lui qui l'a bu.

Si tu te noies je te repêche, mais tu te noieras jamais tellement t'es con.

J'adore Picasso !
– Tais-toi, tu vas faire monter les prix.

... tant que le sida s'attaque pas à l'essence des bagnoles, moi...

La liberté, la liberté, bien sûr qu'il en faut, de la liberté, mais si c'est pour foutre la merde, c'est pas la peine, la liberté c'est inventé pour faire des choses qui sont bien, par exemple un oiseau tu le mets en cage, il chie partout sur le papier journal et dans les graines, c'est son droit puisqu'il n'est pas en liberté, il est en prison sur le bord de la fenêtre, mais si la cage tu l'ouvres et que l'oiseau s'envole, il est en liberté, et si pendant cette liberté il en profite pour venir chier sur le papier journal et dans les graines il y a abus de la liberté, la liberté de l'oiseau dans le ciel finit là où le papier à chier il commence, l'homme c'est la même chose à peu de chose près, la liberté de l'homme finit là où commence le journal de l'autre homme, ça c'est un peu la liberté de la presse si tu veux, et aussi la liberté de l'homme elle finit là où les graines de l'autre homme elles commencent, un homme vient me chier dans mon assiette, je le tue...

... moi, idem.

Quand il a neigé partout, même la merde est en robe de soirée.

Déjà qu'en France on utilise du sang contaminé, alors imagine ce qu'on prend quand on va sur une catastrophe à l'étranger !

Garetta est responsable mais le ministre aussi, et au-dessus du ministre Mitterrand ! Et sa femme aussi !

On n'aurait pas de sang, ça arriverait pas...

Ils vont chercher le sang dans les prisons alors forcément, y a pas que du bon dans les cellules.

... Si ça continue, on récupérera le sang dans la tête des moustiques...

Ils en ont vendu partout, du sang contaminé, pas seulement en France, à l'étranger, partout ! Et pas moyen de le rendre, c'est vendu c'est vendu !

Interdit de fumer dans le métro, bientôt on n'aura plus le droit de mettre des casquettes, ça sera la fin du prolo...

Interdire de fumer dans les tabacs, t'avoueras qu'ils sont cons, au gouvernement !

Un jour ils vendent du sang contaminé, le lendemain ils interdisent de fumer parce que c'est pas bon pour la santé !

J'ai des abeilles
dans les poumons,
si je les enfume pas,
elles se réveillent et
elles piquent !

*Pour les fumeurs,
c'est au bout du
bar, monsieur...
– ?!
– Je sais, je suis
désolé mais c'est la
loi, comme ça vous
serez juste en
dessous de
l'extracteur, ça va
avaler votre fumée.
– Ah non alors,
je perds déjà mes
cheveux, je
m'installe pas
là-dessous !*

Un diabolo
et deux panachs !

Tout l'argent
qu'on dépense
dans l'espace,
il est vraiment
jeté par les fenêtres...

*Ils ont montré des
photos des grandes
plaines de Mars, on
dirait des grandes
plaines, mais pas sur
Mars.
– C'était bien la peine...*

Les toilettes,
s'il vous plaît ?
– Au fond de la
cour à gauche,
je vous mets
la lumière.

Les poissons qui vivent
dans le Mekong
ne mordent jamais à
l'asticot, question
d'éducation du poisson...

Le comique ne me fait
pas rire, ou alors il faut
qu'il soit très bon !

Je préfère quand même être éboueur que avoir le sida.
– Surtout avec tout le chômage en ce moment !

Avec toute la merde qu'on respire, on va finir par se torcher la bouche...

Le ronflement veut dire que tu es en bonne santé.

La guerre économique, la guerre économique, ils exagèrent un peu, tout de même...
– Si si si ! L'agriculture est une arme comme une autre.
– On n'achète quand même pas nos poireaux dans une armurerie !

Qui ?
– Lui.
– Le gars qui est rentré ?
– Oui, c'est l'ancien propriétaire du château de Versailles, il a revendu à l'Etat.

C'est des scandales qui sont mauvais pour la viande.

Avant les criminels avaient du sang sur les mains, aujourd'hui ils l'ont dans les poches !

Moi, je tue un mec, je prends perpète, Fabius il en tue huit cents, il a rien ! Alors d'accord, je vais en tuer huit cents moi aussi.

Tu dois commencer à te cailler, en mobylette ?
– Le soir je suis un peu bourré, ça va, mais le matin ça pince.

... On se
croirait
dimanche...

On n'entend plus parler que de sang ! Et le sang pourri par-ci ! Et le sang pourri par-là ! Même, à force, j'ai l'impression que toute la saleté elle essaie de rentrer dans ma boucherie.

L'appendicite qu'on t'enlève à l'hôpital, on la revend pour donner à manger aux poules, alors moi, plus rien m'étonne.

Il est en retard...
– Il est allé à une soirée moules-frites hier soir, c'est ce qu'il a dit.
– Ah...

Je jouerais bien au Millionnaire, mais si je gagne et que je vais à la télé, j'ai même pas de robe à me mettre.

Le vendredi 13 me fait rien, c'est la pleine lune qui me fait quelque chose.
– Tu gagneras pas au Loto avec la pleine lune, la pleine lune sert à rien, question jeux...

Les Américains ont marché sur la Lune un jour de pleine lune, résultat t'as vu le chômage en Amérique ?

La pleine lune, c'est fait pour assassiner ceux qui ont gagné au Loto le vendredi 13 !

Une bonne lame de fond t'arrache les palmes comme un rien...

J'ai tout le temps froid, tout le temps froid, comme si j'avais du givre sous la peau... tout le temps froid... tout le temps froid...

J'ai pas beaucoup apprécié ce que tu m'as dit hier !
– Hier ?
– Oui, hier !
– Hier ?
– Oui !
– C'était quel jour ?

Si je m'endors devant la télé, le gars qui joue dedans est quand même payé...
– Et si tu fermes un œil il est pas payé à mi-temps...

Plus on est de cons plus on rit, les fous ont rien à voir là-dedans !

Il devrait y avoir des endroits exprès pour faire les grèves, mais pas en ville ! Les manifestations, déjà, si c'était que moi, je les ferais sur un circuit de voitures.

Le riz met deux mois pour arriver en Somalie, il est distribué, les mecs le mangent à midi, et après ?
– Après quoi ?
– Le soir, qu'est-ce qu'ils mangent ?
– J'en sais rien moi. Les restes de midi ?

Tu pues de la gueule !
– Ho ! Parle poliment ! Je suis pas ta femme !

On aide la Somalie uniquement parce que Mitterrand a de la famille là-bas, tu penses bien !

Un jour l'embouteillage sera tellement énorme qu'on pourra plus le débloquer, alors on habitera dans les voitures, on partira travailler à pied, et le soir on rentrera se coucher dans l'auto...

L'infiniment grand peut se ranger dans une boîte infiniment plus grande que lui, et pareil pour l'infiniment petit.

Ecoute.
– ...
– *T'as entendu ?*
– *Quoi ?*
– *Non mais écoute !*
– *Quoi ?*
– *Chut ! Ecoute !*
– ...
– ...
– ...
– ...
– *Un faisan ?*
– *Sûr, c'est un faisan !*
– *C'est normal, y z'en vendent sur les quais, dans les cages sur le trottoir...*

Crois pas que les aveugles voient pas, y regardent pas, c'est tout, mais y voient des choses que toi tu vois pas quand tu regardes, c'est une question de volonté au fond, n'est pas aveugle qui veut.

Tu confonds les Nuts et le Ritz.
– Ah, possible.

Qui ?
– La boulangère de Reims, c'est une boucherie qu'elle devrait tenir, pas une boulangerie.

A peine tu touches les ailes du papillon, ça lui enlève sa peinture et il ne peut plus voler.
– C'est la peinture qui fait voler ?! Putain, je monterai pas avec lui !

Le homard a des pinces et pas la langouste, c'est comme ça qu'ils se reconnaissent entre eux.

Elle est jugée, elle est jugée, tu vas pas revenir là-dessus.
– Acquittée, c'est un peu beaucoup !
– Et alors ? Tu voudrais lui faire sauter son permis ?

Il ne faut pas de café trop près d'une école, du coup ils ferment les écoles.

Faut pas que j'en boive trop du beaujolais, c't'année, je me le suis juré à moi-même ce matin en le goûtant, manque de pot, il est bon !

On te greffe un foie de cochon, du coup tu deviens comestible...

Tu tues un enfant, bon, d'accord, c'est grave, mais pourquoi que ça serait plus grave que si tu tues un vieux, après tout, c'est grave aussi, mais les enfants c'est encore plus grave, comme quoi vaut mieux tuer quelqu'un qui a fait toute sa vie que quelqu'un qui a pas fait sa vie mais attention, là je dis c'est grave, ça veut dire que la vie vécue de quelqu'un qui est vieux vaut moins que la vie pas encore vécue de quelqu'un qui est jeune, mais de quel droit on dit ça, de quel droit, c'est comme si on dit il vaut mieux tuer la mer qui est haute avant qu'elle descende, que la mer qui est basse avant qu'elle monte, voilà ce que ça veut dire, et c'est une drôle d'idée...

Après la disparition du monde paysan, en se promenant dans la campagne déserte, on trouvera des milliers de bottes abandonnées dans la boue.

Elle a voulu une perruque mais elle la met à l'envers, avec les cheveux à l'intérieur parce que ça tient chaud. – Les vieux, faudrait pas que ça vieillisse.

Si chaque Français prend un bout de campagne chez lui, un arbre, une mare, une vache, eh bien la campagne est sauvée.

En Italie, la mafia prend un franc par œuf.

Tu peux tout apprivoiser, un loup, un rat, un lion, même une merde de chien, si t'y mets du cœur.

... au moins là, tu seras pas mordu...

Une fois j'ai apprivoisé une hirondelle, le chat a fini par me la manger.
– C'est le danger avec l'apprivoisé, ça se mange.

Si après un tour du monde à la voile le marin arrive bien coiffé c'est qu'il a triché, il a mis le moteur...

Mitterrand est mort y a dix ans, depuis c'est un robot qui est à sa place...

Mais non !
– Mais si !

C'est normal que les paysans soient dans la merde, on bouffe plus de légumes ! Tiens, ça fait combien de temps que t'as pas mangé des légumes, toi ?
– A midi.
– Bon, t'es pas un bon exemple... mais remarque, si t'es le seul à en bouffer, ça va pas les sauver, les pauvres mecs...

Chez les homosexuels, personne ne met la table, ils mangent tout le temps au restaurant, ces gens-là...

Tu meurs, on prend ton organe et le gars qui l'a, tu crois qu'y va dire merci ?! Rien du tout ! Ni merci ni rien ! Il est au bistrot avec ton organe et toi t'es comme un con au cimetière... mal fichu comme système, non ?

... ah oui...

... bien embêté...

... ah oui...

... quand ça marche pas...

... Ça marche pas...

L'embryon congelé, tu le décongèles, après tu peux plus le recongeler.

Tu peux répéter ?

Les appareils modernes, il suffit d'une panne et on est bien embêtés...

Ça fait ma combientième, de Suze ?

Tu montes en ballon, comme la Terre elle tourne tu vois défiler tous les pays en dessous de toi, l'Afrique, la mer, et quand elle a fait le tour complet tu te reposes au même endroit... ce qu'il faut c'est surtout pas bouger quand t'es en l'air, et normalement ça doit marcher...

Alors ? Comment tu le trouves, ce petit beaujolais ?
– Gai, il est frétillant comme un petit poisson !

... me regarde pas comme ça.
– ...
– ... je suis pas un phare...

L'Europe, c'est bien de faire l'Europe, mais si un Chinois veut venir visiter, qu'est-ce qu'on dit ?

Un peu philosophe c'est bien, mais trop philosophe, c'est trop, tu vis dans un autre monde.
– Moi les philosophes, tout philosophes qu'ils sont, ils feraient l'armée comme tout le monde !

Le soleil donne plus de cancers que de tabac, c'est pour ça que les bistrots sont sans soleil.

On fait des embryons congelés, je vois pas pourquoi on fait pas des vieux congelés ! Quand le bébé a grandi, tu lui décongèles un pépé...

Si dès le début tu arrives pas à te faire respecter, tes clients vont te bouffer, tiens, remets-moi un demi, je te paierai demain j'ai pas de sous...

Ceux qui ont des bagnoles, vous êtes prévenus, ça aligne dehors !

Si on vendait la drogue en sirop pas bon, t'en as plein qui arrêteraient.
– Y en a qui sont imbuvables !
– On en sauverait, des pauvres mômes, avec de la drogue imbuvable.

Ah moi je le dis tout net, le mec qui vole ma bagnole je le tue ou si y touche ma femme ou mon gosse je le tue net le mec ou un cousin ou même la grand-mère du côté de ma femme je le tue et je le dis ça me fait pas peur et la maison que je viens d'acheter le mec entre pour faire son cambriolage je le tue tout net, pan, pan, sans hésiter, même seulement qu'y rentre dans le garage derrière, je le tue, pan, pan, faut pas déconner non plus, je trime pour acheter une voiture, la maison, pour faire grandir la famille et un gars qui ne travaille pas prend la voiture, tue le gosse et la femme, vole tout ce que j'ai dans la maison, et même il met le feu, pourquoi pas, ça arrive, les cambrioleurs se font cuire à manger et ils laissent le gaz ouvert et boum, plus rien, tout le travail d'une vie qui part en fumée, là je le tue, pan, pan, pan, tant pis si je vais en prison, j'aurai plus rien à perdre, j'aurai tout perdu, et quand je sors après dix ans qu'on m'a mis en prison de façon honteuse, je défendais ma famille, on me met en prison, on me vole ma voiture et c'est moi qu'on enferme, on me tue mon gosse et si je tue le gars on me fout en taule, alors quand je sortirai je le jure sur la tête du petit, à la première occasion, je vole une voiture et je tue quelqu'un, y a pas de raison, puisque maintenant on envoie en prison les honnêtes gens qui tuent les voleurs, eh ben je deviendrai un voleur et on me tuera, comme ça je serai pas le seul à plonger pisque forcément le mec qui me tue va aller en taule, je sais, tout ça c'est du scénario catastrophe, mais le fusil je l'ai à la maison, je m'en servirai, c'est un deux-coups, du douze, pan, pan, tout à l'heure j'ai dit pan, pan, pan, mais je me suis trompé excusez-moi les gars, bon, qu'est-ce que vous buvez ? Vous partez ?

Personne n'a vécu pendant l'année 1912... non monsieur... personne.

J'aurais peut-être pas dû lui passer la voiture...

Je vais me faire tatouer un ballon de foot sur la poitrine.
– Un ballon ?
– Un ballon.
– Un ballon tout seul, ça sert à rien ! Faut mettre les joueurs avec !
– Mais qu'est-ce qui raconte, lui ?!
– Et le stade, et les supporters, et les cars, et de la bière !
– Mais qu'est-ce qui raconte, lui ?!
– Un ballon tout seul, je te dis, ça sert à rien...

Ils ont interdit les pièges à loup, du coup t'as des loups partout...
– Des loups y en a plus en France.
– Que tu dis ! Par chez moi, des loups, des loups, des loups, on trouve des traces plein les chemins...
– C'est peut-être des chiens ?
– Possible, on n'a pas le droit de mettre des pièges pour les chiens alors des chiens et des loups, t'en as partout...

Si les Américains veulent pas de nos produits, on n'a qu'à arrêter d'accepter les leurs, allez hop, plus de smoking, plus de bifteck, plus de hot-dog ! Ils se les gardent, leurs tee-shirts !

Si tu fais du vélo en ville t'avales tous les microbes, alors que si tu fais de la voiture, les microbes s'écrasent sur le pare-brise...

Ils faisaient du ski sur une piste autorisée, ça a pas empêché l'avalanche de les emporter !
– Pour ma part je trouve que de toute façon on exagère trop avec les loisirs.
– C'est pas de leur faute.
– Si trop d'hôtels, trop de restaurants, trop de magasins, trop de cafés, on réchauffe la montagne, résultat...
– ?
– Une seule pizzeria vous réchauffe une rue ! Vous le saviez, ça ?

Je pense exactement le contraire !
– Que ?
– Ce que t'as dit.
– Sur ?
– La vignette auto.
– J'ai pas parlé de la vignette auto !
– T'as pas parlé de la vignette auto ? C'est qui alors ?

Tu vois que c'est pas moi...
– Je croyais.
– Ceci dit il a raison, j'aurais pu le dire, c'est cher.
– Je croyais que c'était lui.
– Oui eh bien faut pas croire tout ce que tout le monde dit, moi je te le dis c'est cher !
– C'est ce qu'il a dit.
– Lui, il dit ce qu'il veut, moi je te dis c'est cher !

C'est moi, la vignette c'est trop cher.

C'est moi qui l'ai dit...

Toi ta gueule !

Ça y est, ça commence...

Cousteau veut être conservé dans l'huile, c'est déjà prévu...

Si la Somalie produisait du riz et l'exportait, ça ferait de la concurrence à la Camargue, alors c'est aussi bien comme ça, on leur en donne un peu et voilà...

Chacun chez soi...

... moi ce que j'en dis...

Vous, me foutez pas la merde, oui, vous là, vous !
– Nous ?
– Oui ! Vous !
– Nous ? On parlait tranquillement de la Somalie...
– Oui, doucement quand même...
– On n'a rien fait !
– Je sais, personne a jamais rien fait...
– On parlait de la Somalie !
– Et ça, c'est quoi ?!
– Quoi ?
– Ça ! Là ! Ça !
– Ça ? C'est rien, c'est un lapin qu'il a acheté pour faire le ventriloque.
– Vous parlez de la Somalie et vous gâchez de la nourriture comme ça ?!
– C'est pas nous qu'on parlait de la Somalie !

C'est moi, et je ne suis pas d'accord avec ces gens qui jouent avec la nourriture...

Ça serait pour moi, je préfère la peine de mort, la prison à vie c'est horrible...
– Tu parles, la prison à vie, on te relâche au bout d'un an...

Faut du courage pour être globe-trotter, avec la circulation de maintenant !

Tu poses un flocon de neige, tout de suite t'as un skieur dessus, c'est rien que de la merde blanche pour des mouches à bonnet !

La banane française coûte deux fois plus cher que l'autre !
– Deux fois plus cher ? Du simple au double ?
– Oui, ce qui fait que la banane française vit son chant au cygne.

Les mecs ont 90 hectares et ils gagnent le smic !
– Et alors ? Moi j'ai trente-cinq mètres carrés, je gagne pareil, faut pas trop qu'ils se plaignent non plus...

Plus personne n'ose faire de la poésie rimée, c'est dommage, ça faisait des vers qui allaient par deux comme les trous de nez.
– ?

On produit trop de viande, et alors ?! Elles ont qu'à maigrir, les vaches !

A Chamonix on a vu la mer de glace, c'est beau, on avait envie de ramener un bout à la maison.

Une Suze avec plein de Suze !

L'image passe par le satellite et arrive dans la parabole que tu as sur le toit.
– Ça tombe jamais à côté?
– Je crois pas.
– Ça pète les tuiles ? Si ça les pète, j'en veux pas !

Tant qu'on vivra sur la Terre, les paysans auront raison, c'est quand on vivra sur bureau que les bureaucrates auront raison !

Si c'est Dieu qui a envoyé le sida, il a visé bas, le salaud !

Si ça se trouve, c'est les Américains qui ont ramené le sida de sur la Lune.

T'as des refuges en montagne mais t'en as pas en mer, pourtant ça serait pratique pour quand tu te perds avec ton bateau, des refuges flottants, avec le gaz et le téléphone.
– T'as des cons qui profiteraient du téléphone...

Benny Hill président !

Dans une belle armoire à glace on se voit en entier.
– Oui, mais à la maison, tandis qu'avec la petite glace dans le sac, on peut se voir toute la journée.
– Mais pas en entier.
– Vous vous regardez en entier, vous ?
– Pour une robe par exemple, faut bien !
– Et si vous tachez la robe dans la journée ? Non non, je vous assure, une armoire à glace, c'est bien si ça rentre dans le sac...

Quand elle me fait chier je lui marche sur le pied, elle tire la langue, ça la fait taire.

Sur quasiment toutes les plages de France c'est interdit de ramasser des coquillages, à cause de la pollution, ils sont pleins de poison.
– De toute façon j'en ramasse jamais, et à la campagne je ramasse jamais les vaches !
– Hein ?
– Je blague.

Y a Karen Cheryl dimanche à Sens.
– A Sens ?
– Au magasin Leclerc, c'était marqué dans *l'Yonne Républicaine*.
– Tu vas y aller ?
– POUR VOIR CETTE SALOPE, JAMAIS !

Il fait des igloos avec des carrés de sucre, tu les verrais, ses igloos... il a de l'or dans les mains, ce gars-là.

Le quoi ?
– Traumatisme de la naissance.
– Connais pas ce truc-là.

Pour que le tour de la Terre fasse 40 000 kilomètres, encore faut-il qu'il n'y ait aucuns travaux sur la route et aucune déviation.

Tu bouffes jamais, toi ?
– J'ai fait les commandos, on nous parachutait avec un œil de lapin dans le sac, fallait tenir dix jours.
– Les commandos de quoi ?
– Les commandos d'avion.

Cresson ça fait pareil...

Le communisme s'est cassé la gueule y a deux ans, on dirait que ça fait déjà cent ans que ça existe plus...

Avant de donner du travail à un chômeur, il faut lui redonner la confiance.
– C'est ça, il prend la confiance et il va la boire !

Je te prends pas pour un con alors me prends pas pour un con ! Je te prends pour un con ? Je te prends pour un con, moi ? Dis, je te prends pour un con ? Non, alors me prends pas pour un con parce que si tu me prends pour un con, méfie-toi ! J'aime pas qu'on me prenne pour un con ! Alors, tu joues ?! 631 le petit...

Cite-moi une seule personne honnête en France, une seule !
– L'Abbé Pierre.
– Tu le trouves honnête, avec sa Jaguar ?!
– ?

Si j'y vais pas tout de suite, je vais rater le pain...

Booooooonjour le chien, ça va le chien ?
– Il a un nom, le chien !
– Ah, excusez-moi, patron, je ne voulais pas être impoli avec le chien !

Il en a entendu parler à la télé alors maintenant il en veut un, un mini-lapin nain, c'est haut comme ça, ça pèse dix grammes, ça coûte trois cents balles, avec ça tu fais de la mini-terrine de pâté nain et rien de plus.

La vie, la mort, quelle importance...
– C'est pour vous, la monnaie ?
– Oui, c'est pour moi... la vie, la mort, quelle importance...
– Vous avez deux demis ?
– Oui.
– Alors c'est pas pour vous.
– J'ai pas fait attention.
– Quand c'est pour ramasser des billets personne fait attention.
– Bon... viens, on va ailleurs...
– ...
– ...
– ... l'important c'est le présent...

Les animaux, c'est pas des jouets, ça se mange...

C'est comme les cochons, s'ils en faisaient des petits petits petits, on en mangerait pour l'apéro...

Si les soldats américains chient deux fois par jour, t'auras suffisamment de merde pour fertiliser toute la Somalie !

A Pontoise, on a trouvé des scorpions !

Les gosses français ont donné le riz, les gosses américains donnent les militaires, ils doivent avoir des plus gros cartables.

... tous les gosses affamés ont les yeux pleins de mouches, tu mets deux bouts de bois sur les oreilles ça fait des lunettes de soleil !

Les casques bleus, pour moi c'est des clopes...

Ils ont débarqué en direct à l'heure du journal !
– Juste après la pub.

J'aime pas qu'on rigole avec ça...
– C'est parce que je les aime bien que je rigole d'eux... tout le monde dit ça maintenant.

Maintenant c'est plus des mines, que t'as sur les plages du débarquement, c'est des journalistes.

Pour faire passer un peu de riz en Somalie faut trente mille soldats américains, putain, heureusement qu'on n'envoie pas des langoustes !

Comme y a pas de pétrole
en Somalie,
y a peut-être de l'or...

Une opération militaire comme celle-là, avec 30 000 bonshommes, ça coûte un million de fois ce qu'a coûté le riz, y a quelque chose qui déconne, ça pourrait nourrir la Somalie pendant dix ans !

Une fois par mois ils en sacrifient un, le guerrier coupe le haut avec un coup de sabre et la femme peut faire la vaisselle dans la bosse du chameau.

On commence à voir des boules crème...

... Ça sent la Noël...

Toutes les guerres sont au soleil, vous avez remarqué?
– Ah oui, c'est possible...
– Jamais dans la neige, vous avez remarqué?
– Ah oui, c'est vrai...
– On n'a jamais vu des soldats fusillés sur la banquise.
– Ah oui, jamais...
– C'est le froid qui doit faire geler la graisse des fusils.

Après une journée à faire du bruitage pour le cinéma, t'as certainement pas envie d'entendre les gosses brailler.

J'ai été légionnaire, je sais ce que c'est, le désert, c'est du sable.

Une belle fille peut perdre sa beauté rien que parce qu'elle digère mal...

Dans Freud, ça parle de cul... je t'en prêterai, du Freud, si tu veux.

Si on avait des racines comme les plantes, on passerait la journée au comptoir, dans des pots.

Ce mec c'est un iceberg, seulement un tiers de sa connerie dépasse.

La même chose ?
– J'ai encore rien bu.
– La même chose qu'hier je voulais dire...

Je n'aime pas sortir du quartier, quand je fais le marché un peu loin je lave dix fois la salade, comme si je l'avais achetée au Mexique...

... faut pas me la faire à moi...

C'est les pauvres qui font la richesse de Paris ! Si ! Si et si ! Enlève les pauvres, qu'est-ce qui reste ?! Des riches ! Et les riches ça va jamais dehors !

... je crois que je suis sensibilisé aux bières belges et allemandes...

Limiter la vitesse à 50 kilomètres-heure sur autoroute par temps de brouillard, vraiment, mais qu'est-ce qu'ils ont dans le crâne ?
– Qu'est-ce que tu t'en fous ! Tu sors de l'autoroute et tu prends ta nationale à 120 !

Des rafales de 150 kilomètres-heure !
– Allez hop, deux points en moins.

Un porno sans enculade ne vaudra jamais, jamais un avec.

On n'aura pas de neige à Noël cette année, non, pas de neige, de la pluie non plus, on aura un Noël sans pluie, peut-être un peu de brouillard et c'est pas sûr, on n'aura rien cette année à Noël, rien. Du vent !

Ils ont viré les Blancs d'Afrique, résultat, c'est plein de Noirs.

Liberté, égalité, fraternité, c'est marqué sur les pièces de monnaie !
– Tu dis ça parce que t'es pauvre, regarde bien, c'est pas marqué sur les billets.
– ?
– 1 franc, liberté, égalité, fraternité. 100 francs, va te faire mettre !

C'est la Terre qui passe entre le Soleil et la Lune.
– La nuit, y a pas de soleil.

... n'empêche que si la Lune était habitée, pendant l'éclipse tu trouverais pas une boulangerie d'ouverte...

Les éclipses de Lune c'est du bidon, c'est pour faire consommer de l'électricité !

... Si la Lune disparaît, faut pas traîner...

Les hommes préhistoriques devenaient fous quand ils voyaient une éclipse de la Lune.
– C'est Pierre Bellemare qui raconte ces conneries-là ?

Je vais plus au cinéma, et tu veux savoir pourquoi j'y vais plus, au cinéma ? !
– ...
– Tu veux savoir ?
– ...
– Tu veux savoir ?
– ...
– Le cinéma c'est fini.
– ...
– C'est fini.
– ...
– Sinon j'irais...
– ...
– Sinon j'irais.

Une bonne éclipse, c'est bien pour les mecs qui bossent de nuit.

Limiter la vitesse sur les autoroutes, alors celle-là faudra me la copier, cinquante à l'heure quand y a du brouillard, non mais t'entends ça, cinquante sur autoroute, alors à ce compte-là moi je prends plus l'autoroute, je prends même plus les routes, d'ailleurs je prends même plus ma bagnole du tout, je vais plus bosser, je reste à la maison à regarder la télé et encore même pas, je me couche et je dors jusqu'à midi, cinq heures, je me lève plus, tiens d'ailleurs je reste au lit toute la semaine, j'ouvre plus les yeux, je n'existe plus, cinquante kilomètres à l'heure sur les autoroutes, je meurs, et je suis pas le seul, parce que si plus personne prend sa bagnole alors les fabricants de bagnoles peuvent rester au lit toute la journée, ah oui ils peuvent mourir aussi, et même j'irai plus loin, les mecs qui font les autoroutes, c'est fini, peuvent remballer le goudron et les pelleteuses, ils ont plus qu'à rentrer chez eux se foutre au lit aussi, et qui c'est qui va bien rigoler, c'est les Espagnols, avec leurs belles autoroutes toutes neuves, elles sont pas limitées à cinquante, leurs belles autoroutes toutes neuves !

– Y a pas de brouillard.

– Oui, possible... mais les vents de sable, c'est pas mieux !

Les traditions se perdent.
– Pas chez nous, chez nous tous les réveillons on s'engueule.

Chirac dort pas sans Mogadon ?
– Non, Chirac dort pas sans Mogadon.

Je suis de l'Assistance publique, alors mon arbre généalogique à moi, il est pas plus haut qu'un radis...

Hitler n'avait pas de moustache au début, c'est son agent qui lui a dit d'en mettre une.

Bernanos ?
Le yaourt ?

On est trop nombreux sur la Terre, et si ça continue, on sera trop nombreux sur mer...

Saint-Exupéry ouvrait les sacs et lisait les lettres.
– C'est interdit !
– Va surveiller, toi, quand l'avion passe de nuit au-dessus des montagnes...

Je te la garantis sur la tête de mon père !

Ah la la la
la la la la la
la la la la la
la quel temps...

Pour moi ça soufflait déjà fort, pour les rosiers n'en parlons pas, alors pour les pucerons, pensez !

Toutes ces tempêtes, c'est bon pour les huîtres, ça les secoue, ça les muscle, c'est mieux qu'une mer plate qui fait des huîtres obèses...

Les vers de terre sourient pas, et pourtant y a bien des moments où ils sont contents, non ?
– Oui, sans doute.
– Quoique, tu me diras, on peut être content et pas sourire.
– Oui, sans doute.
– Tu souris quand t'es content, toi ?
– Oui.
– T'es bourré?
– Non.
– T'es un vrai con de ver de terre, toi !

Allô... oui, bonjour, monsieur Jacquar... oui, il était là mais il est parti faire son Loto... oui, je lui dis qu'il est renvoyé... je lui dis, c'est promis... au revoir monsieur Jacquar... Je crois que c'est plus la peine que Marco retourne à la Halle, il lui a volé tellement de sous, aussi ! Moi je trouve qu'il a encore de la chance de tomber sur quelqu'un comme monsieur Jacquar, devant moi, ici, il retire les billets de ses chaussettes !

Un dieu qui est au poil, c'est Jésus.

Si tout le sang est contaminé faut trouver autre chose que du sang, faut dire aux gens enlevez votre sang, les gens y vont à l'hôpital se faire enlever le sang avec une aiguille, on les vide,
on rince à l'eau bien propre et à la place on met quoi ? Du synthétique ! Oui, du synthétique étudié et fabriqué pour que les microbes vivent pas dedans, c'est comme les oiseaux, ils passent devant la fenêtre et ils rentrent pas dans la maison, nous on est pour ainsi dire des maisons avec des rideaux en nylon, mais ça, bien sûr, si la science elle fait des progrès, parce que en ce moment, excusez-moi, c'est la trêve des confiseurs scientifiques...

Le monde est un véritable chaos !
– Pour avancer faut des pensées tout-terrain.
– C'est ça.
– Mais pas toujours.
– Comment ça, pas toujours ?
– A cause du chaos... comment penser clairement le chaos au milieu du chaos ?
– On ne peut pas être dedans et dehors, c'est ça ?
– C'est ça, et encore pas toujours.
– A cause du chaos ?
– Exactement !
– Vous voulez reboire la même chose ?
– Non, autre chose.
– A cause du chaos ?
– Bien forcé !

J'en connais deux qui vont avoir la cuite cahotique...

T'es écolo, toi ?
– Bien sûr !
– Alors pourquoi t'as pas une voiture verte ?

Dans ma rue y a deux ampoules, on dirait le chômage illuminé...

Un aveugle sent dans le bout des doigts des choses que nous on peut pas sentir, et plus il est aveugle, plus il en sent.

C'est bien calme, aujourd'hui.
– Trop calme...
– Vous auriez vu le bordel, hier.
– Trop, le bordel...

... le monde est un grand puzzle, et chaque homme est une pièce de ce puzzle...
– Alors moi je suis une pièce de puzzle ?! Ça m'étonnerait ! Moi je suis le patron ici, alors je suis au moins la boîte pour ranger.

Vous avez vu les illuminations sur les Champs-Elysées ? Des millions d'ampoules ! Quand ça s'allume, on dirait que tout le reste du monde s'éteint.

Non seulement un astronaute est bien payé, mais en plus dans la navette spatiale il a l'alcool et les cartouches de cigarettes moins chers...

T'as assez bu !
– Ho ! Tu vas pas faire ton ingérent humanitaire avec moi ! T'es pas docteur dans mon verre !

On envoie des soldats en Somalie, mais comme personne a le droit d'en manger, je ne vois pas le progrès, je ne vois pas...

T'envoies trente mille soldats avec chacun un cornichon dans le cul, t'as presque résolu le problème !

Un kir à la mûre.
– Le kir, c'est avec du cassis.
– Oui, mais moi je le veux à la mûre, mon kir.
– Alors ce n'est pas un kir, c'est un verre de vin blanc à la mûre.
– ...
– Alors ?
– Un pastis.

Il est bien joli, votre café, bien décoré, ah oui, bien bien bien joli...
– On a fait ça hier.
– Bien bien bien joli... toutes ces guirlandes sur les bouteilles, et les boules au plafond, et la neige sur les vitres, ah oui, bien joli...
– Et le petit ange sur la caisse...
– Ah oui, il est bien joli, le petit ange sur la caisse... c'est une bonne idée... et ça aussi c'est bien joli...
– Ça ? C'est un saucisson.
– Il est bien joli le saucisson... ah oui... bien joli... c'est une bonne idée ce saucisson...
– ?
– Bien joli... cette année je réveillonne chez ma fille...
– ... ça promet...

Boudins blancs grillés, tranches poêlées chaudes de foie gras, dinde farcie au four, petits légumes variés, salades, planche aux fromages, bûche glacée... ou... les escargots, les huîtres, tranches de foie gras sur feuilles de salade et toasts chauds, oie farcie avec marrons en purée et pommes de terre, salade frisée aux herbes, le plateau de fromages sur feuilles sèches de châtaignier avec un petit pot de fines branches de céleri, une bombe de Noël... ou... œufs de lump et de saumon, huîtres, poisson farci avec gratin d'oignons et gruyère, poisson fumé servi avec de la choucroute et des légumes verts, salade, fromages chauds, charlotte aux fruits rouges et fruits déguisés...
– Ça demande à réfléchir, tout ça...
– C'est fait pour ça.

T'as pas la Noël chez les musulmans, et d'ailleurs t'as pas d'huîtres.

L'huître n'habite que les côtes catholiques.

La plus belle c'est la crèche de la Légion.

Il faudrait que le soir de Noël toutes les guerres s'arrêtent.
– Même un peu avant pour laisser le temps d'ouvrir les huîtres...

Une merde de dix-huit mètres, ça n'existe pas. Et pourquoi pas ?

Il est en prison à Auxerre.
– Non ?!
– Si, mais c'est une petite prison, on dirait une prison de poupée.

L'année dernière on a mangé du boudin blanc, tout le monde a adoré ça, alors je ne vois pas pourquoi cette année on n'en remangerait pas...
– C'est ce qu'on appelle l'expérience.

Pour aller vite le serpent zigzague, quand il se promène, il va tout droit...

Même si tu vis cent ans, ça ne fait que cent réveillons.
– C'est pas énorme.
– Non, et c'est pour ça qu'il ne faut pas compter en réveillons.

Si je savais comment ça marche pour remplir les papiers, je ferais un club des amis de l'apéritif.
– Suffit de se renseigner.

La religion a complètement disparu, d'ailleurs les enfants croient que la Noël fête la naissance du Père Noël dans une étable.

Les religions, c'est fini, à part la musulmique, et encore...

La Noël maintenant c'est plus que ça, la consommation, la consommation, la consommation, la consommation, la consommation, et en général on finit pas son assiette...

Le monde va tellement vite, maintenant...
– ...
– Tellement vite...
– ...
– Pfu...
– ...
– Tellement vite...
– Attention, vous brûlez votre imper avec votre cigarette.

Si dans une vie antérieure tu as été très con, ça reste.

... il me donne les têtes de poissons pour mes chats...

Il n'y a que nos pieds qui touchent la terre... ce qui est peu... d'autant plus que vous, vous avez des petits pieds... vous tenez on sait pas comment... vous ne tombez jamais ?

Quelqu'un qui ne s'y connaît pas dirait que c'est une mésange mais c'est un pic jaune.
– C'est une mésange.

Moi j'aime pas
les poupées parce
que les poupées
ça me fait peur.
– De toute façon,
t'as plus l'âge.

Vous ne devriez pas faire boire votre maman.
– Si je ne la fais pas boire, elle pleure, elle a peur des poupées dans les vitrines.

Moi j'aime pas
les poupées parce que les poupées ça me fait peur.
– De toute façon, t'as plus l'âge.
– Moi j'aime pas
les poupées parce que les poupées ça me fait peur.
– De toute façon, t'as plus l'âge.
– Moi j'aime pas
les poupées parce que les poupées ça me fait peur.
– Calme-toi, maman, calme-toi...

Les vitrines sont pleines de poupées, vous pensez...
– Le mieux, ça serait de prendre la rue qui passe derrière les galeries...
– Non, parce qu'elle veut voir les arbres décorés.
– Moi j'aime pas les poupées parce que les poupées ça me fait peur.
– De toute façon, t'as plus l'âge... j'aurais bien aimé de la neige à Noël, pour elle...

C'est sa mère ?
– Elle est folle.

Joyeux Noël.
– Joyeux Noël
à vous aussi,
monsieur Picot.

… Croquant et
croustillant comme des
croûtons de pain frits,
ça craquait, croc, cric,
craquelé, caramélisé au
fond du caquelon…

Des huîtres.
– Et puis ?
– De la dinde.
– Et puis ?
– De la bûche.
– Ah dites donc…

Que tu dis toi, c'est un truc que tu dis, toi !
– Bien sûr que c'est moi qui le dis.
– Toi !
– Oui, moi.
– Alors dis pas on a bouffé de la merde !
– J'ai pas dit ça, j'ai dit, c'était pas terrible.
– Que tu dis toi !
– Oui, c'est moi qui le dis.

… j'y ai pensé, aux enfants de Somalie, pendant qu'on mangeait, mais après on a dansé, c'était pas le même sujet.

Le foie gras de canard fait mal au foie de l'homme, c'est un exemple de combat entre foies.

Tous les ans pendant les fêtes je donne aux pauvres devant l'église, mais tous les ans ça augmente, plus je donne, plus il y en a, c'est comme les miettes aux pigeons, plus vous donnez des miettes, plus vous attirez les pigeons…
– Jamais je ne donne de sous aux pigeons.

... et la bûche
aux griottes aussi,
j'ai failli oublier.

La naissance, la mort, la naissance, la mort, on s'en fout, l'important c'est le milieu d'entre les deux, c'est la vie qu'on passe, la naissance t'arrives et la mort tu t'en vas, d'accord, mais t'as fait quoi dans la maison de la vie, t'as fait quoi, t'as fait le ménage, t'as fait la cuisine, t'as posé du papier peint sur les murs, t'as fait des gosses pour la chambre des gosses et pis t'as un chien aussi avec une chienne qui fait des petits chiens avec des puces, tu mets le réveil et le soir tu regardes la télé pis tu vas au lit, c'est ça là dans la vie, la naissance t'arrives et la mort tu t'en vas, le mieux encore c'est de pas penser à tout ça sinon dans la maison tu t'assois et tu bouges plus, comme si t'étais une assiette sale...

Il y avait une messe de minuit sur la première chaîne et une messe de minuit sur la seconde chaîne, alors on a zappé.

Tu nous saoules avec tes mots !
– Moi ?
– Oui, toi, et en plus tu postillonnes partout !
– Moi ?
– Oui, toi.
– Moi ?
– Oui, l'homme aux mains bleues.
– Je suis peintre en bâtiment.
– Y a pas de bâtiment bleu dans le secteur.

Ça y est, j'ai chié tout mon Noël.

Des fois je m'ennuie tellement que même l'ennui doit se faire chier.

Moi je voyage dans ma tête, pas besoin d'avion !
– Et tu vas où, p'tit malin ?
– Dans mon imagination, y a des régions.
– Y a de la charcuterie, dans tes régions ?

Il est mort ?!
– Mais oui il est mort ! Tu savais pas ? Ecrasé là, juste devant.

Quitte à rester couché dans une coquille d'huître toute la journée, autant faire une perle, non ? J'ai pas raison ?
– Mais si.
– C'est les vieilles huîtres qui font les perles, c'est comme nous quand on tricote près de la cheminée.

Il y a tellement de viande et de charcuterie sur le marché que la rue est bouchée, on ne peut pas passer, quand on se faufile entre les étalages on se croirait en promenade dans le ventre de l'animal.

On est devenus intelligents à cause du pouce qui est opposable aux autres doigts, ça fait la pince, un peu comme les crabes, qui sont pas cons non plus, soit dit en passant...

Vous, vous avez plein d'enfants, alors forcément, vous passez les fêtes en famille, mais moi qui n'en ai pas.
– Ça, il fallait y penser avant.

Elle ne veut jamais ouvrir les huîtres, alors je lui dis et si je n'existais pas, comment tu ferais pour en manger ?
– Vous lui dites ça ?
– Je lui dis ça.
– Eh bien dites donc...

... moi je couperais la Terre en plein de morceaux, et chacun chez soi sur son morceau...

... *l'univers, avec toutes ces étoiles, au fond, c'est une sorte de décoration de Noël...*

Chaque pays a le temps qu'il mérite.

Avec ce froid, les moineaux ont du culot, j'en ai trouvé un sur mon buffet.

Bonne année, madame Picoulis.
– Vous de même, monsieur...
– Bouteyrand.
– Oui, monsieur Bouteyrand... c'est marrant, je n'ai jamais su votre nom... il aura fallu 1993...
– 1993 sera l'année des noms.
– Peut-être, monsieur...
– Bouteyrand...
– Peut-être...

Le froid tue les petits microbes et l'air est plus pur.
– Le sol doit être jonché de microbes morts...
– ?

La porte ! J'ai pas l'intention de chauffer la rue !

Faut faire des échanges avec les oiseaux, l'hiver vous en prenez un chez vous, et l'été, c'est lui qui vous reçoit dans son nid.

Je ne sais pas ce qui s'est passé mais j'ai tout rendu mon boudin blanc.

J'ai marché sur une feuille de chou, résultat j'ai failli tomber, c'est de l'inconscience de laisser traîner des feuilles de chou, vous traversez la place du marché, ça glisse comme l'Himalaya !

Une cerise à l'eau-de-vie ne souffre pas.

La moitié des hommes meurent de faim, alors que chez les poissons il y aura toujours un bigorneau qui traîne.
– Il ne faut pas penser à ça...

J'ai travaillé avec Robert Hossein, il travaille mais il ne réfléchit jamais, il arrive, Gilbert, je n'ai pas mis de cravate, c'est tout ce qu'il dit...

Il ne fait rien, Robert Hossein, rien, dernier arrivé sur le plateau et premier parti.

Il y a des peuplades qui n'ont jamais vu une boule de Noël, mais ils ont des scarabées dorés qui font largement l'affaire.

J'avais fait la résolution de ne pas boire, eh bien figure-toi je n'ai fait que boire.

Ils vont supprimer les frontières en Europe, après ça sera l'heure et on sera redevenus des animaux.

On a envoyé du riz en Somalie, ils pourraient nous envoyer de la chaleur !

Ah non, je n'ai plus de croissants...

J'ai pas fermé l'œil de la nuit.
– Tu veux qu'on s'assoie ?

Quand tu as tous les défauts, il faut être un génie pour les faire passer.

Mourir de froid dans la rue à notre époque, si ça c'est pas un scandale, quand on voit les grands magasins avec les grandes portes et ça rentre, et ça sort pour acheter des cadeaux, et la chaleur qui sort et qui s'en va sur les trottoirs pleins de courants d'air glacés, tout ce gâchis de chaud, c'est scandaleux, alors qu'il suffirait d'autoriser les clochards à habiter devant la porte, au fond, ça serait rien que des poils de moustache qui se chaufferaient à l'air qui sort du nez, au fond... ça serait plus juste.

Condamné à mort par le thermomètre, c'est quand même con.

Mitterrand ?
– Oui.
– Eh ben il a le chauffage, lui.

Ils ont qu'à coucher à Bercy, y a un microclimat.

Si tu travailles pas bien
à l'école tu deviens de la glace,
ça rigole pas la société, ah
non, ça rigole pas.

Quand je vois une ville
comme Paris, ça ne
devrait plus exister, ces
choses-là, c'est trop
grand.

J'ai mangé
de la Sylphide
amaigrissante
mais ça ne m'a
rien fait.

Dans le mot VOLCAN,
y a CAN, ça veut dire
qu'on ne sait jamais CAN
ça VOL.
– CAN ça VOL?
– Quand ça va voler.
– Ah...
– C'est bien foutu les mots.

Il y a des mondes
parallèles, mais
entre les mondes
parallèles, il y a
quoi ? Est-ce qu'au
moins il y a de
l'air ?

Chaud ! Chaud le
chocolat ! Chaud !

Lui c'est le roi
de la question,
c'est comme ça
qu'on l'appelle...
il pourrait vivre
de ses questions
s'il les envoyait
à la télé, mais ça
ne l'intéresse pas...

Goûtez-moi ça, vous
m'en direz des nouvelles.
– ...
– Alors ?
– ...
– Alors ?
– Pas de nouvelles,
bonnes nouvelles.

C'est à cause de l'effet de serre qui empêche le froid de partir, avant, le froid, quand ça faisait trop froid, il partait dans l'espace et c'est pour ça que l'espace est glacé – oui, souvent les planètes sont glacées – excusez pour la précision, et tout ce froid qui partait part plus puisque la pollution l'emprisonne, tout le gel se met dans le gaz carbonique qui est bien plus froid que l'oxygène – on le sent bien quand on respire, c'est chaud – et ce gaz carbonique qui est partout, absolument partout partout, dans l'air mais aussi dans les trains, dans les avions, dans les rues bien sûr mais ça tout le monde le sait, et a fortiori sur les trottoirs de la ville qui sont, c'est pas un secret pour personne, de plus en plus couverts d'une couche de gaz pollué plein de gel froid, et ce gel froid, forcément, s'attaque à tous ceux qui passent dedans, un pull, deux pulls, dix pulls n'arrêtent plus l'air froid, aujourd'hui rien n'isole de l'air froid, il fallait le laisser fuir dans l'espace, dans les étoiles, et ne pas par folie le coincer ici-bas avec l'effet de serre bien connu des scientifiques, mais c'est un peu tard pour guérir le mal, et des pauvres gens meurent sur des bancs de ce froid cosmique qui couche loin de chez lui, et en plus vous voulez mon avis ? On aura un été pourri.

Ça en dit long, un facteur qui roule...

Je voulais pas prendre ma voiture à cause du verglas, et quand j'ai vu le facteur en mobylette dans la descente, j'ai su que ça roulait.

Et nous, on nous interdit de fumer...

Il faudrait des pétroliers de deux litres, comme ça si ça s'échoue c'est rien du tout.

De toute façon, l'homme, il est une maladie de la Terre comme nous on a le sida.
– T'as le sida, toi ?
– Non, je parle de l'homme.
– Par contre t'as du pétrole sur la chemise, là...
– ?
– Làààààààààààà...
– Où ?
– Làààààààààààààààààà...

Des kilomètres de plages superbes, on marche, on marche, on marche des heures sans rencontrer personne, et on revient sans rencontrer personne, ah bien sûr, il faut aimer la solitude...

Ba-ba-ba ba-ba by-bel ! Ba-ba-ba ba-ba by-bel... c'est toi qu'on aiiiiiiiiime...

Comme on n'arrive pas à éviter les marées noires, autant penser à faire du pétrole bleu...

A force de tout dégueulasser la mer comme ça, on finira par avoir honte que le soleil se couche dedans !

Dommage que c'est les pingouins qui trinquent, des poules ça ferait moins chier...

Avec les moulins à vent, ça n'arriverait pas.
– Quoi ?
– Qu'ils s'échouent.

Les pétroliers passent trop près des côtes, avec une loi qui les obligerait à passer loin, loin, loin, ils iraient s'échouer en face sur les côtes des autres, au moins...

Une marée noire aux îles Shetland, c'est comme si le pétrole arrivait directement sur ton pull !

J'ai un petit oiseau, c'est mon seul ami qui boit pas trop.

... Robert Hossein, c'est un charlot...

Tout ce pétrole perdu... ça va pas faire baisser le prix du pétrole.

Je ne comprends pas comment on accepte les acteurs moches pour faire du cinéma... t'as de ces monstres ! Même dans la télé c'est moche à regarder, le cinéma c'est fait pour montrer les jolies choses, pas les gravos, après on s'étonne que plus personne va au cinéma, moi je rentre pas dans la boucherie si la viande on dirait Quasimodo...

Quand tu pollues une réserve naturelle, les mecs ça les arrange, même les crevettes sont assurées...
– Ah bon ?!

Tu veux un chocolat à la liqueur ?
– Non non, j'arrête de boire.

Personne fait rien, c'est à croire que les Bosniaques sont Juifs.

Une belle truffe, tu la poses sur un éléphant, tout l'éléphant prend un goût de truffe.

Mitterrand est vieux, alors il a tout le temps froid, et il a peur.

... C'est la new-ave attitude, la cure-mania.

La Bosnie-Govine, comment veux-tu que la France fasse quelque chose de bien en Bosnie-Govine, comment veux-tu ? Moi, matière Bosnie-Govine, je prône la non-intervention, c'est plus prudent, quand tu réfléchis.

A côté de l'enfer de Sarajevo Mogadiscio c'est le paradis, et pourtant c'est là qu'on a envoyé le riz.

Un café serré ! Un allongé !

Ça fait comme avec Hitler avant, personne veut intervenir contre les Serbes, du coup on aura plein de livres sur le génocide plutôt que d'en avoir plein sur le courage des nations, une fois de plus, eh bien moi ça me fatigue tout ça, pas qu'un peu...

... C'est l'histoire du poster contre le pot de fer.

Tout ce qui est problématique m'intéresse.

... l'air chaud se dilate et il écarte les choses, d'ailleurs t'as qu'à voir les pays chauds, t'as beaucoup plus souvent des espaces vides qu'ici, mais ça se fait tellement, une maison se déplace d'un centimètre par an maximum, en mille ans t'as un désert avec des villages tout autour, on commence juste à s'en apercevoir en comparant avec des vieilles photos, il faudra voir des photos de maintenant et des photos faites dans mille ans pour voir les villages qui s'écartent dans l'air chaud, d'ailleurs, ça peut faire une belle expo.

Elle m'a fait acheter un bonzaï, c'est de l'arnaque, ce truc, ça grandit pas...

Vous ne finissez pas votre porto ?
– Ah non, je cale.

Moi je suis Starsky et lui c'est Hutch.
– ?
– On nous appelle comme ça parce qu'on ressemble à Starsky et Hutch.
– ?
– De la police.
– ?
– Le feuilleton de la télé.
– ?
– Le feuilleton américain.
– Mannix ?

On a les moyens de fabriquer des hommes de synthèse mais vu le chômage, c'est retardé.

Je ne peux pas t'expliquer ce qu'on ressent tellement c'est incroyable de gagner une course de vélo...

Si tu vires
les trottoirs ça
élargit la route.
– Oui mais où
c'est qu'on va
marcher ?
– ...
– Hein ?
– C'est vrai.

Qui ?
– Mais lui là, l'autre con d'hier.
– Hier ?
– Oui, l'autre con d'hier.
– Eh ben ?
– Eh ben il est con, avec son manteau de prestidigitateur.
– ...
– Les conneries qu'y te sort des poches le con, c'est rien, c'est du truquage !
– ...
– La merde en plastique.
– ...
– Hier.
– Quand ?
– Hier.
– Hier ?

On est allés au Palais de la machine à laver.
– Ça vaut le coup ?
– C'est bien.
– Vous avez acheté ?
– Non, on a regardé.
– Ça vaut le coup de regarder ?
– Ça vaut toujours le coup de regarder, tu connais presque tous les modèles.
– Presque ?
– Il leur en manque.
– Au Palais ?! Il en manque ?!
– Y en a tellement... il en sort un à la minute !
– Heu ?!
– C'est pas un Palais de la machine qu'il faudrait, à la limite, c'est deux.
– Là, j'irais...

Il est un des plus modernes d'Europe par son aménagement et le nombre des pièces exposées dans les vitrines où des miroirs spéciaux reflètent à l'intérieur la lumière extérieure en les mettant en valeur. Le parcours a été...
– Quoi ?
– Attends... a été...
– Quoi ?
– Il est tout plié, ton papier.
– Il était à la poubelle.
– ... a été... étudié... de façon à ce que l'on ne revient jamais sur ses pas, car la visite se déroule de manière rationnelle.
– C'est où ?
– C'est le musée archéologique de San Nicola... on sait pas où... qu'est-ce que ça foutait dans ta poubelle ?!
– Je sais pas, il était posé dessus et c'est pas moi qui l'ai mis.
– Et pourquoi tu m'amènes ça à moi ?
– C'est pas à toi ?
– Je suis pas allé jeter des papiers dans ta poubelle, moi ! Je suis jamais allé chez toi !
– Non, mais j'aurais pu te le prendre et le jeter chez moi.
– Non, c'est pas à moi.
– C'est à qui, alors ?
– Un papier sur les musées ? Dans le quartier je vois pas.
– Tu le veux ?
– Non, je vais le jeter dans ma poubelle et ça finira comme toi, à pas savoir d'où ça vient...
– T'as qu'à le laisser là.
– T'as raison, je vais le laisser là...
– Ça intéresse bien quelqu'un...
– Ça c'est pas sûr...

On a la chance de pouvoir parler, parce que l'animal qui a une connerie à dire, il l'a dans l'os.

... y connaît pas la fistule...

Je ne crois pas ce qui est dit dans les journaux, y a trop de pages, et trop de journaux par jour, ça fait trop de choses vraies en même temps tout ça, c'est pas possible.

Une ?
– Fistule.
– Connais pas.
– Tu connais pas la fistule... et ça se dit boucher...

Jules Verne est mort, mais ça lui a rien fait.

Ce que je préfère, c'est l'enculade.
– Mais arrête, ça se dit pas, il est con lui, y dit tout.

Tout l'après-midi il picole de tout et à partir de six heures du soir, il se reboit le best-off des meilleurs apéros.
– C'est trop.
– Bien sûr que c'est trop.

L'Irak, tu sais ce que c'est ? C'est UN NID DE SCORPIONS!
– Chuuut...

Tant que l'Irak existera, on aura des ennuis avec l'Irak...

... On peut cacher des armes dans la semoule du couscous...

J'ai pas de projet pour le futur, par contre, hier, j'ai acheté une belle fougère pour la salle de bains.
– Hier, c'est passé.
– Je fais toujours des projets pour la veille, au moins je suis sûr que ça va se réaliser.
– C'est con.
– T'as fait le projet que t'allais naître ? Alors ? C'est pas si con au fond.

Il pleut jamais, dans ce pays, alors c'est la sécheresse, après ça pleut le déluge et c'est des inondations, ça va jamais !
– C'est déréglé.
– Déréglé? Qu'est-ce qui est déréglé? Tu m'as l'air déréglé, toi, tiens...
– Ben le temps, il est déréglé.
– Il est même pas réglé, oui, tu veux dire !
– C'est pareil.
– Pas réglé et déréglé, c'est pareil ? Ben mon con, tu m'as l'air réglé toi, tiens...
– ...
– ...
– ...
– Je te confierais pas des réglages !

Les poissons boivent tous à la même heure, l'eau de la mer baisse, ça fait la marée basse, et ils pissent tous à la même heure, le niveau d'eau remonte, ça fait la marée haute...

... tu la verrais se moucher, on dirait une mouche qui se nettoie.

Comme nous !

Tu mets d'abord la glace et après la Suze, c'est pas sorcier.

Les marées, c'est pas des histoires de lune, c'est des histoires de poissons, et ça paraît un peu plus normal, tout de même !

C'est combien, des patates sautées à cuire ? Un quart d'heure ? Vingt minutes ?
– Un quart d'heure.
– Alors j'ai encore cinq minutes.

Elle s'ouvre pas...
– Oui, eh ben laisse, les pistaches qui s'ouvrent pas, c'est comme les moules, c'est qu'elle est pas bonne.

C'est pas un petit reflet de lune qui va faire monter l'eau.

Et ma Suze ?

Et mon demi ?

Et mon kir ?

Y a pas du sandwich coulommiers ?
– Pourquoi ? T'as gagné au Loto ?

Et mon pastis ?

Et mon porto ?

Et mon guignolet ?

Et mon ballon ?

Et mon rosé ?

Allez hop dehors !
Tout le monde dehors !

Je connais des cafés comme ça, un soir ils ont fermé, et ça n'a jamais réouvert... depuis, je me méfie...

Demain !
– Demain ?
– Oui, demain y fera jour !
– Eh ben ?
Aujourd'hui aussi, il a fait jour.

Un demi et j'y vais.
– Non.
– Alors un galopin.
– Non, même pas une goutte.
– Alors une demi-goutte.

...et le café ferme comme tous les jours de la semaine et du mois, de tous les ans et de la vie, alors ça rentre à la maison doucement, faut pas brusquer la rentrée dans l'atmosphère, la chaleur due à la friction des joues contre l'air peut décoller la casquette, alors le feu prend dans les cheveux, descend aux oreilles, entre dans le crâne, il se répand sur la cervelle et fait cramer la matière, du coup en arrivant à la maison, on est très con, non, il faut aller doucement, prendre à droite et prendre à gauche, planer comme une navette jusqu'au bas de l'escalier, faire toutes les manœuvres, la minuterie, la boîte aux lettres, le premier et le second palier, les clefs, la porte, la bise, pour aller du café fermé à son chez-soi qui ouvre il faut le calme et la maîtrise d'un commandant de bord. Puis ça regarde par la fenêtre, un petit coup d'œil sur la ville et la banlieue, les lumières tournent sur le périphérique, loin, au loin, le plus loin qu'il soit possible d'ici, l'horizon de la Terre montre une légère courbe, si légère et si douce. Seulement, et seulement maintenant, le commandant de bord est heureux d'accueillir sur Terre la famille et le chat. La température extérieure est de onze. Ici, ça chauffe. Le petit a mal aux dents. ■

4015

Achevé d'imprimer en Europe (France)
par Maury-Eurolivres – 45300 Manchecourt
le 15 janvier 2000.
Dépôt légal décembre 1999. ISBN 2-277-24015-X
1er dépôt légal dans la collection : avril 1995

Éditions J'ai lu
84, rue de Grenelle, 75007 Paris
Diffusion France et étranger : Flammarion